对角线与同位的连体数独

龚善涯 著

ZHEJIANG UNIVERSITY PRESS
浙江大学出版社
·杭州·

图书在版编目(CIP)数据

对角线与同位的连体数独/龚善涯著.—杭州:
浙江大学出版社,2023.4
ISBN 978-7-308-21935-8

Ⅰ.①对… Ⅱ.①龚… Ⅲ.①智力游戏 Ⅳ.
①G898.2

中国国家版本馆CIP数据核字(2023)第046585号

对角线与同位的连体数独
龚善涯　著

策划编辑　王同裕
责任编辑　沈炜玲
责任校对　胡岑晔
封面设计　周　灵
出版发行　浙江大学出版社
(杭州市天目山路148号　邮政编码310007)
(网址:http://www.zjupress.com)
排　　版　杭州星云光电图文制作有限公司
印　　刷　杭州杭新印务有限公司
开　　本　710mm×1000mm　1/16
印　　张　12.75
字　　数　254千
版 印 次　2023年4月第1版　2023年4月第1次印刷
书　　号　ISBN 978-7-308-21935-8
定　　价　50.00元

浙江大学出版社市场运营中心联系方式:(0571)88925591;http://zjdxcbs.tmall.com

前言

数独作为一种益智类数字游戏，由于操作简单，趣味性强，受到全世界不同年龄、不同层次的人们的喜爱。

目前市面上能买到的数独书，基本上是单体数独，对于有一定基础的数独爱好者而言，有点简单重复的感觉。

基于各类型数独的整体现状，笔者设计了这本将对角线数独与同位数独结合在一起的连体数独的书。

连体数独具有难度更大、趣味性更强等特点。要求读者具有清晰的思维和眼观六路、边看边做的能力。相信本书能给数独爱好者带来更大的乐趣和收获。

在阅读过程中如有疑问，可通过邮箱gongshanya@qq.com与作者交流。

规则及说明

本书中连体数独题目是由一个对角线数独与一个同位数独共享一个宫而构成的，解题时共用宫在对角线数独里满足对角线要求，在同位数独里满足同位数独规则。

由于部分读者可能对同位数独了解不多，所以在做连体数独之前，让我们先做16个同位数独题目，以便能更顺利地挑战连体数独题目。

同位数独规则：将数字1~9填入空格内，除满足标准数独要求外，还要满足每个宫相应位置的格的数字不重复，如图所示。

1			2			3		
4			5			6		
7			8			9		

1.

	7							6
					6	1		
	9	2		3	1			5
7								
	4						1	
								3
3			8	6		5	4	
		4	2					
9							2	

（本题答案见第15页）

3.

4	9	6	1	7	5	2	8	3
2	8	3	9	4	6	1	5	7
5	7	1	8	2	3	6	4	9
6	1	7	3	5	4	9	2	8
3	2	8	6	1	9	4	7	5
9	5	4	2	8	7	3	1	6
8	4	9	7	3	2	5	6	1
7	3	2	5	6	1	8	9	4
1	6	5	4	9	8	7	3	2

2.

				7				4
		8	3	2			5	
								3
		6	7			2		
			9		2			
		5			6	9		
5								
	9			3	4	7		
6				8				

（本题答案见第16页）

4.

7	9	3	2	4	8	1	6	5
1	6	5	9	3	7	4	2	8
8	2	4	5	6	1	9	3	7
9	3	7	4	5	6	8	1	2
2	1	6	8	9	3	5	7	4
4	5	8	7	1	2	6	9	3
5	7	1	6	2	4	3	8	9
6	4	2	3	8	9	7	5	1
3	8	9	1	7	5	2	4	6

3.

	9		1					
				4			5	
	7	1				6		
					4			8
	2		6		9		7	
9			2					
		9				5	6	
	3			6				
					8		3	

（本题答案见第1页）

5.

5	9	3	6	2	8	4	7	1
7	4	1	5	9	3	6	8	2
2	8	6	1	7	4	5	9	3
9	1	2	8	4	6	3	5	7
4	7	8	9	3	5	2	1	6
6	3	5	7	1	2	8	4	9
1	6	4	2	8	9	7	3	5
8	2	9	3	5	7	1	6	4
3	5	7	4	6	1	9	2	8

4.

								5
	6			3				8
	2				1			
	3	7	4	5				2
4				1	2	6	9	
			6				8	
6				8			5	
3								

（本题答案见第2页）

6.

2	8	7	4	1	6	3	9	5
6	4	1	3	9	5	7	8	2
3	9	5	8	7	2	6	1	4
1	5	3	6	2	4	8	7	9
9	7	8	1	5	3	4	2	6
4	2	6	9	8	7	5	3	1
5	3	2	7	6	1	9	4	8
8	1	4	5	3	9	2	6	7
7	6	9	2	4	8	1	5	3

5.

		3	6		8			
7							8	2
				7				
	1						5	7
				3				
6	3						4	
				8				
8	2							4
			4		1	9		

（本题答案见第3页）

7.

4	9	7	8	6	2	5	1	3
3	8	2	1	7	5	9	4	6
1	6	5	9	4	3	2	7	8
9	7	1	3	2	8	6	5	4
6	2	3	4	5	1	8	9	7
8	5	4	6	9	7	3	2	1
2	4	6	7	3	9	1	8	5
5	3	8	2	1	4	7	6	9
7	1	9	5	8	6	4	3	2

6

	8		4		6			
		1	3			7		
	9				2		1	
								9
				5				
4								
	3		7				4	
		4			9	2		
			2		8		5	

（本题答案见第4页）

8.

4	8	7	9	2	5	6	3	1
5	2	1	4	3	6	9	8	7
6	3	9	8	7	1	4	2	5
8	5	6	1	4	2	3	7	9
1	7	2	6	9	3	8	5	4
9	4	3	5	8	7	2	1	6
2	9	4	7	1	8	5	6	3
3	1	5	2	6	9	7	4	8
7	6	8	3	5	4	1	9	2

7.

						5		3
			1		5			
	6						7	
		1				6		
6		3		5		8		7
		4				3		
	4						8	
			2		4			
7		9						

（本题答案见第5页）

9.

7	2	3	9	4	8	1	6	5
1	6	5	2	3	7	4	9	8
8	9	4	5	6	1	2	3	7
2	3	7	4	5	6	8	1	9
9	1	6	8	2	3	5	7	4
4	5	8	7	1	9	6	2	3
5	7	1	6	9	4	3	8	2
6	4	9	3	8	2	7	5	1
3	8	2	1	7	5	9	4	6

8.

4		7	9				3	
							8	
		9						5
8					2		7	
				9				
	4		5					6
2						5		
	1							
	6				4	1		2

（本题答案见第6页）

10.

7	5	4	6	1	8	9	3	2
3	6	9	7	4	2	8	1	5
8	1	2	3	5	9	6	7	4
2	7	1	8	6	5	3	4	9
6	9	3	2	7	4	1	5	8
5	4	8	9	3	1	7	2	6
4	2	6	1	8	3	5	9	7
9	3	7	5	2	6	4	8	1
1	8	5	4	9	7	2	6	3

9.

		3		4				
		5				4		
8	9		5		1			
	3						1	
				2				
	5						2	
			6		4		8	2
		9				7		
				7		9		

（本题答案见第7页）

11.

3	2	1	5	8	7	4	9	6
8	7	9	4	6	1	3	5	2
5	4	6	3	2	9	1	8	7
2	6	5	1	3	8	7	4	9
7	1	8	9	4	6	5	2	3
4	9	3	7	5	2	8	6	1
9	5	2	8	7	3	6	1	4
1	8	7	6	9	4	2	3	5
6	3	4	2	1	5	9	7	8

10.

		4		1				
			7				1	
8		2						4
					5	3		
	9			7			5	
		8	9					
4						5		7
	3				6			
				9		2		

（本题答案见第8页）

12.

9	1	7	2	5	8	4	6	3
4	5	2	3	6	7	8	9	1
8	6	3	4	9	1	2	5	7
5	3	4	1	2	9	7	8	6
6	2	8	5	7	3	1	4	9
1	7	9	6	8	4	3	2	5
3	9	1	8	4	5	6	7	2
2	8	5	7	1	6	9	3	4
7	4	6	9	3	2	5	1	8

11.

					7			
8				6				
5	4					1		7
				3			4	
	1						2	
	9			5				
9		2					1	4
				9				5
			2					

（本题答案见第9页）

13.

5	2	8	7	6	9	3	1	4
4	1	9	3	2	5	8	7	6
3	7	6	8	1	4	5	2	9
8	3	2	4	7	6	1	9	5
9	6	1	5	8	2	7	4	3
7	4	5	9	3	1	2	6	8
6	5	7	2	4	3	9	8	1
2	9	4	1	5	8	6	3	7
1	8	3	6	9	7	4	5	2

12.

					8			
	5			6				
		3				2		7
				2		7		6
	2						4	
1		9		8				
3		1				6		
				1			3	
			9					

（本题答案见第10页）

14.

1	3	9	7	5	6	4	8	2
6	2	4	1	8	9	7	5	3
5	7	8	2	3	4	9	1	6
2	9	5	3	7	8	6	4	1
3	4	6	5	9	1	2	7	8
7	8	1	6	4	2	3	9	5
8	1	7	9	2	3	5	6	4
9	6	2	4	1	5	8	3	7
4	5	3	8	6	7	1	2	9

13.

		8	7				1	
				2		8		
3		6			4	5		
	3							
							6	
		7	2			9		1
		4		5				
	8				7	4		

（本题答案见第11页）

15.

8	7	6	4	2	5	1	9	3
1	4	3	6	9	8	2	7	5
5	2	9	1	7	3	4	6	8
9	8	7	3	1	4	6	5	2
3	1	2	9	5	6	7	8	4
6	5	4	2	8	7	9	3	1
2	3	8	7	6	1	5	4	9
4	6	1	5	3	9	8	2	7
7	9	5	8	4	2	3	1	6

14.

					6			
						7	5	3
5	7		2					
						6		
	4		5		1		7	
		1						
					3		6	4
9	6	2						
			8					

（本题答案见第12页）

16.

1	3	7	9	4	6	8	5	2
5	8	2	1	3	7	9	6	4
4	6	9	2	5	8	1	3	7
3	2	4	6	8	9	7	1	5
8	5	6	3	7	1	4	2	9
9	7	1	5	2	4	6	8	3
2	9	8	4	6	3	5	7	1
6	4	3	7	1	5	2	9	8
7	1	5	8	9	2	3	4	6

15.

						1		
	4		6		8			
	2						6	
		7	3			6		
				5				
		4			7	9		
	3						4	
			5		9		2	
		5						

（本题答案见第13页）

1.

1	7	3	4	8	5	2	9	6
4	8	5	9	2	6	1	3	7
6	9	2	7	3	1	4	8	5
7	3	8	6	1	2	9	5	4
5	4	9	3	7	8	6	1	2
2	1	6	5	4	9	8	7	3
3	2	1	8	6	7	5	4	9
8	5	4	2	9	3	7	6	1
9	6	7	1	5	4	3	2	8

16.

		7	9		6		5	
5						9		4
	2				9		1	
				7				
	7		5				8	
6		3						8
	1		8		2	3		

（本题答案见第14页）

2.

3	6	9	1	7	5	8	2	4
1	4	8	3	2	9	6	5	7
7	5	2	4	6	8	1	9	3
9	1	6	7	5	3	2	4	8
4	8	3	9	1	2	5	7	6
2	7	5	8	4	6	9	3	1
5	3	7	6	9	1	4	8	2
8	9	1	2	3	4	7	6	5
6	2	4	5	8	7	3	1	9

17.

				6										
			5											
		2		8			5							
	1		8											
9	2						6	5						
					1		7							
	5			3					4			7		
					9					6			2	5
				7										6
								6		7				
						8								2
										1		3		
						3								
						4	9			8				
								1			4			

（本题答案见第199页）

19.

9	8	7	2	4	5	3	6	1						
2	1	3	9	6	7	8	5	4						
4	5	6	1	8	3	2	7	9						
7	2	8	4	5	9	6	1	3						
1	3	9	7	2	6	5	4	8						
6	4	5	3	1	8	7	9	2						
5	9	4	8	7	2	1	3	6	5	9	2	8	7	4
3	7	2	6	9	1	4	8	5	3	7	1	6	9	2
8	6	1	5	3	4	9	2	7	8	4	6	5	1	3
						6	7	2	4	1	3	9	5	8
						8	4	9	7	2	5	1	3	6
						3	5	1	6	8	9	4	2	7
						2	6	8	9	5	7	3	4	1
						5	1	4	2	3	8	7	6	9
						7	9	3	1	6	4	2	8	5

18.

5					6	7		4						
							8							
					7									
	9				2									
		3		4		6								
			6				2							
			8						9		5			
	7									1				2
1		6	2											
						6				5				4
							9		2		1		5	
						4				8				9
						9				7				5
									3		6			

（本题答案见第200页）

20.

9	6	5	7	4	2	3	8	1						
1	7	4	6	3	8	9	2	5						
3	2	8	5	1	9	4	7	6						
7	5	3	2	8	6	1	4	9						
4	9	2	3	5	1	8	6	7						
6	8	1	9	7	4	5	3	2						
2	1	7	4	9	3	6	5	8	4	1	7	2	9	3
5	3	9	8	6	7	2	1	4	3	9	8	7	6	5
8	4	6	1	2	5	7	9	3	2	6	5	4	1	8
						1	3	2	5	4	6	8	7	9
						9	4	7	1	8	3	5	2	6
						5	8	6	9	7	2	3	4	1
						3	6	5	7	2	1	9	8	4
						4	7	1	8	5	9	6	3	2
						8	2	9	6	3	4	1	5	7

19.

				4				1						
		3	9				5							
	5							9						
7					9		1							
	4		3					2						
5										9		8		
	7				1				3			6		
8				3										3
							7							
						8								6
													2	
						2							4	
								4			8	7		
								3		6				

（本题答案见第17页）

21.

8	7	2	4	3	9	5	1	6						
3	4	6	5	7	1	9	8	2						
1	9	5	8	2	6	4	3	7						
5	3	1	6	8	2	7	4	9						
7	2	8	9	1	4	3	6	5						
4	6	9	3	5	7	1	2	8						
6	8	7	1	9	3	2	5	4	6	9	8	1	7	3
2	5	3	7	4	8	6	9	1	3	7	5	8	4	2
9	1	4	2	6	5	8	7	3	2	4	1	6	9	5
						5	4	9	8	3	2	7	1	6
						7	1	6	9	5	4	2	3	8
						3	2	8	7	1	6	9	5	4
						9	8	5	4	6	7	3	2	1
						4	6	7	1	2	3	5	8	9
						1	3	2	5	8	9	4	6	7

20.

	7	4		3		9		5						
			5		9									
		3						9						
	9						6							
6						5								
			4		3									
5		9		6						9		7		
										6	5	4		8
								2					7	9
									1		3			
						5	8					3		
						3		5	7	2				
								1		5				

（本题答案见第18页）

22.

4	9	1	7	3	5	6	8	2						
8	6	2	4	9	1	7	5	3						
3	5	7	2	8	6	4	9	1						
9	2	3	5	6	7	1	4	8						
6	8	5	9	1	4	3	2	7						
7	1	4	8	2	3	5	6	9						
2	7	6	3	5	9	8	1	4	7	9	5	3	6	2
5	3	9	1	4	8	2	7	6	8	3	1	9	4	5
1	4	8	6	7	2	9	3	5	6	2	4	8	7	1
						1	9	2	3	4	7	5	8	6
						5	4	3	9	6	8	2	1	7
						6	8	7	1	5	2	4	3	9
						7	2	9	4	8	6	1	5	3
						4	5	1	2	7	3	6	9	8
						3	6	8	5	1	9	7	2	4

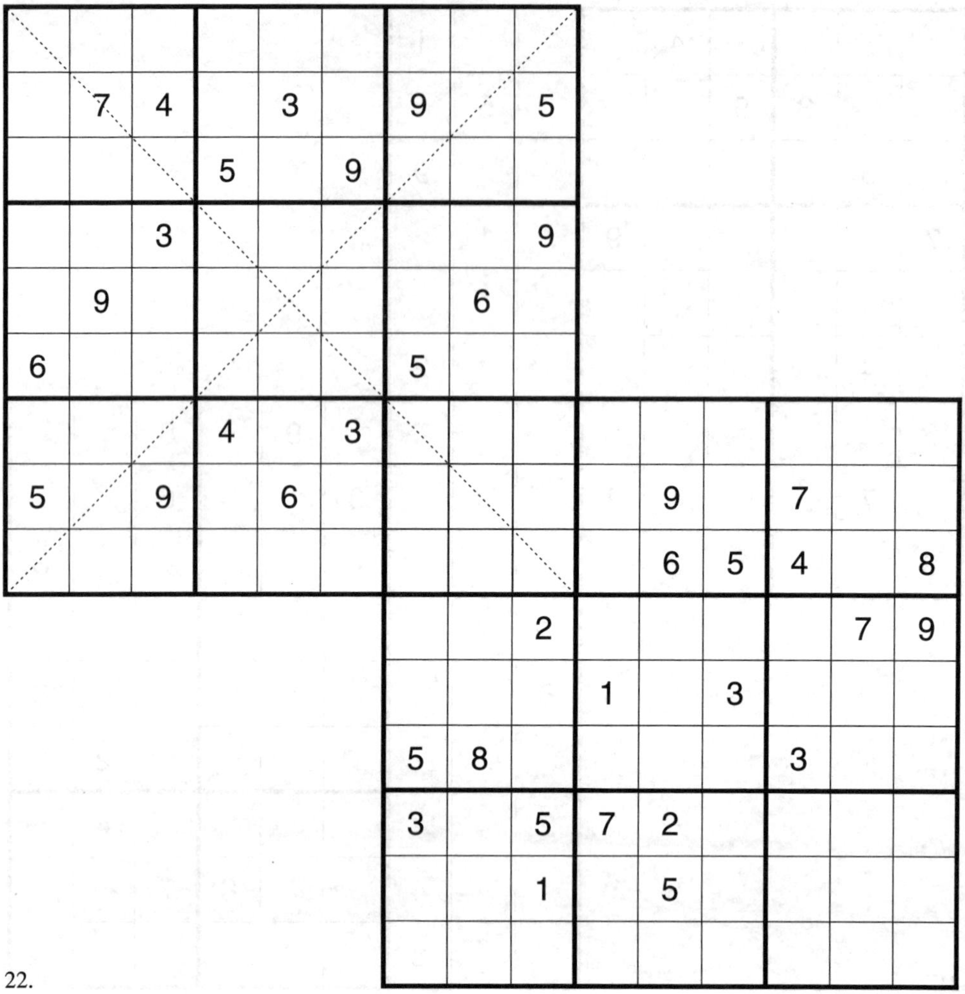

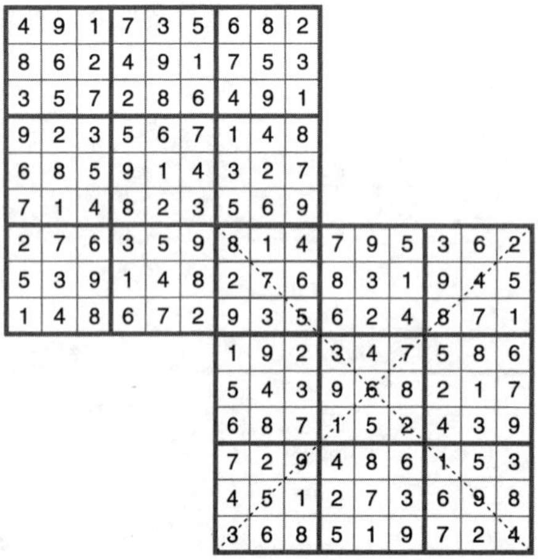

21.

			4		9		1							
3						9		2						
					6									
						7		9						
	2						6							
4		9												
			1						6			1		3
2		3								7				
	1		2		5							6		
							4		8					
						7								8
											6		5	
								5				3		
										2			8	
						1		2			9			

（本题答案见第19页）

23.

7	9	5	6	1	2	8	3	4						
8	2	1	7	3	4	6	9	5						
6	3	4	9	8	5	7	1	2						
2	6	3	4	7	8	9	5	1						
5	1	9	2	6	3	4	7	8						
4	7	8	5	9	1	2	6	3						
1	8	6	3	4	7	5	2	9	1	8	4	6	7	3
9	4	2	1	5	6	3	8	7	5	6	9	2	1	4
3	5	7	8	2	9	1	4	6	2	3	7	9	5	8
						8	3	4	9	1	6	7	2	5
						7	9	5	4	2	8	3	6	1
						6	1	2	7	5	3	4	8	9
						2	7	8	3	4	5	1	9	6
						9	5	3	6	7	1	8	4	2
						4	6	1	8	9	2	5	3	7

22.

			7											
8	6			9		7								
						4		1						
		3		6				8						
			9		4									
7				2		5								
2		6										3	6	
		9		4										
					2					2	4		7	
								2						
							4	3				2	1	
												4		
							2		4	8				3
													9	
							6	8						

（本题答案见第20页）

24.

1	6	7	4	3	5	2	9	8						
8	5	9	7	2	1	4	6	3						
3	2	4	9	6	8	7	1	5						
9	7	5	3	1	4	6	8	2						
4	8	2	5	9	6	1	3	7						
6	3	1	2	8	7	5	4	9						
2	4	3	6	7	9	8	5	1	9	2	3	4	7	6
7	1	6	8	5	3	9	2	4	6	7	5	3	1	8
5	9	8	1	4	2	3	7	6	8	1	4	9	2	5
						5	1	2	3	6	8	7	4	9
						7	4	9	2	5	1	8	6	3
						6	8	3	7	4	9	2	5	1
						2	3	5	1	9	7	6	8	4
						1	9	7	4	8	6	5	3	2
						4	6	8	5	3	2	1	9	7

23.

7		5					3							
		4		8		7		2						
2		3		7										
	1						7							
				9		2		3						
1		6		4					1				7	
											9			4
	5										7	9		
						8		4					2	
							1					4		9
								8	3					
						9			6					2
							6				2		3	

（本题答案见第21页）

25.

2	6	8	5	7	3	4	9	1						
4	5	1	9	8	2	7	3	6						
9	3	7	6	1	4	5	2	8						
7	4	6	3	5	8	9	1	2						
1	2	3	4	9	7	6	8	5						
8	9	5	2	6	1	3	4	7						
3	1	4	7	2	6	8	5	9	7	4	2	1	6	3
5	7	2	8	4	9	1	6	3	5	9	8	4	7	2
6	8	9	1	3	5	2	7	4	3	6	1	5	9	8
						5	9	8	4	3	6	2	1	7
						7	1	6	2	5	9	3	8	4
						4	3	2	8	1	7	6	5	9
						3	8	1	6	7	4	9	2	5
						6	4	7	9	2	5	8	3	1
						9	2	5	1	8	3	7	4	6

24.

			4											
		9		2				3						
3			9											
		5		1		6		2						
	8						3							
6		1		8		5								
					9				9			4		6
7				5						7				
					2							9		
							1				8			
						7				5				3
									7				5	
								5				6		
										8			3	
						4		8			2			

（本题答案见第22页）

26.

7	6	4	9	8	5	2	3	1						
9	8	5	3	2	1	7	6	4						
1	2	3	7	6	4	5	8	9						
4	5	9	6	1	7	8	2	3						
8	3	2	4	5	9	6	1	7						
6	1	7	2	3	8	9	4	5						
5	9	6	1	4	2	3	7	8	9	2	1	4	6	5
2	4	8	5	7	3	1	9	6	4	3	5	2	7	8
3	7	1	8	9	6	4	5	2	8	6	7	9	1	3
						5	2	1	7	9	8	3	4	6
						9	6	7	3	1	4	8	5	2
						8	4	3	2	5	6	1	9	7
						2	8	4	6	7	9	5	3	1
						7	3	5	1	4	2	6	8	9
						6	1	9	5	8	3	7	2	4

25.

	6				3		9							
4			9					6						
							2							
				5			1							
			4		7									
	9			6										
	1											1		3
5					9									2
	8		1								1			
								8		3				7
									2		9			
						4				1		6		
									6					
						6							3	
						9		5					4	

（本题答案见第23页）

27.

5	4	9	8	1	7	3	2	6						
7	2	8	3	5	6	4	1	9						
3	1	6	9	4	2	5	7	8						
1	7	3	4	6	8	9	5	2						
9	6	2	5	7	3	8	4	1						
8	5	4	1	2	9	6	3	7						
6	3	5	2	8	1	7	9	4	8	5	2	6	1	3
2	9	7	6	3	4	1	8	5	7	3	6	4	2	9
4	8	1	7	9	5	2	6	3	1	9	4	8	5	7
						9	5	7	2	8	1	3	6	4
						8	4	1	5	6	3	7	9	2
						6	3	2	4	7	9	1	8	5
						4	1	9	3	2	8	5	7	6
						3	7	6	9	1	5	2	4	8
						5	2	8	6	4	7	9	3	1

26.

		4				2		1						
	8		3	2										
						5								
	5		6											
8								7						
					8		4							
		6												
				7	3				4		5	2	7	
3		1								6			1	
							2			9		3	4	
							4	3		5			9	
							8			7				
							3	5	1		2			

（本题答案见第24页）

28.

8	5	6	7	1	4	3	9	2						
4	3	9	8	2	6	7	1	5						
2	1	7	5	9	3	8	4	6						
5	7	4	1	8	9	2	6	3						
3	8	1	2	6	7	9	5	4						
9	6	2	3	4	5	1	7	8						
1	9	5	6	3	2	4	8	7	9	5	2	6	3	1
6	4	3	9	7	8	5	2	1	4	3	6	9	8	7
7	2	8	4	5	1	6	3	9	8	7	1	4	2	5
						8	5	6	1	4	2	3	7	9
						1	7	2	6	9	3	8	5	4
						9	4	3	5	8	7	2	1	6
						2	9	4	7	1	8	5	6	3
						3	1	5	2	6	9	7	4	8
						7	6	8	3	5	4	1	9	2

27.

5				1			2	6						
			3											
					2	5	7							
	7				8									
			1				3							
	3	5	2									6		
					4				7					
4	8			9					1					
							5		2					
								1	5		3	7		
											9		8	
											8			
											5	2	4	
								8						

（本题答案见第25页）

29.

7	6	3	4	2	1	8	9	5						
2	5	8	9	7	6	4	1	3						
4	9	1	5	8	3	7	6	2						
3	7	6	8	1	2	5	4	9						
8	4	9	7	6	5	2	3	1						
1	2	5	3	4	9	6	8	7						
6	1	4	2	9	7	3	5	8	2	4	1	9	7	6
5	8	7	1	3	4	9	2	6	5	7	3	4	8	1
9	3	2	6	5	8	1	7	4	6	8	9	5	2	3
						5	8	3	4	6	7	1	9	2
						2	9	7	1	5	8	6	3	4
						4	6	1	9	3	2	7	5	8
						6	3	9	7	2	4	8	1	5
						7	4	2	8	1	5	3	6	9
						8	1	5	3	9	6	2	4	7

28.

						3		2						
4		9												
			5		3			6						
	7			8			6							
	6			4			7							
1			6		2				9				3	
													8	
7		8												5
						8					2		7	
										9				
							4		5					6
						2						5		
							1							
							6				4			2

（本题答案见第26页）

30.

4	9	6	2	8	3	1	7	5						
2	8	3	1	5	7	9	4	6						
5	7	1	6	4	9	2	8	3						
8	4	9	5	6	1	3	2	7						
7	3	2	8	9	4	5	6	1						
1	6	5	7	3	2	4	9	8						
6	5	4	9	1	8	7	3	2	8	6	1	4	9	5
3	2	8	4	7	5	6	1	9	5	4	7	2	3	8
9	1	7	3	2	6	8	5	4	2	3	9	6	7	1
						5	2	3	6	7	4	8	1	9
						4	8	1	3	9	2	7	5	6
						9	6	7	1	5	8	3	4	2
						1	9	8	4	2	3	5	6	7
						3	7	6	9	8	5	1	2	4
						2	4	5	7	1	6	9	8	3

29.

			9	7		4								
	9				3									
		6		1				9						
			7		5									
1				4		6								
			2											
		7		3	4						3	4		
									6		9			
							8				7		9	
										5				
							6		9				5	
									7		4			5
								2	8			3		
														7

（本题答案见第27页）

31.

6	7	3	8	5	4	1	9	2						
8	5	4	2	1	9	6	7	3						
9	1	2	6	7	3	4	5	8						
3	4	8	5	2	6	7	1	9						
7	9	1	3	4	8	5	2	6						
5	2	6	1	9	7	8	3	4						
4	8	5	9	3	1	2	6	7	3	4	8	1	9	5
1	3	7	4	6	2	9	8	5	6	1	2	3	7	4
2	6	9	7	8	5	3	4	1	7	5	9	6	2	8
						6	1	9	5	7	3	8	4	2
						5	3	2	8	9	4	7	1	6
						8	7	4	1	2	6	9	5	3
						7	9	8	2	3	5	4	6	1
						1	2	6	4	8	7	5	3	9
						4	5	3	9	6	1	2	8	7

30.

		6				1		5						
					7		4							
		1				2								
8						3								
	3						6							
		5						8						
		4									1			
	2		4									2		8
9		7								3	9			1
							2							
							8						5	
													4	
						1			4	2				
						3		6						
									7			9	8	

（本题答案见第28页）

32.

3	8	4	1	2	9	7	5	6						
5	2	1	4	6	7	3	8	9						
7	6	9	8	5	3	1	4	2						
9	4	7	6	8	5	2	3	1						
6	3	5	2	7	1	8	9	4						
2	1	8	3	9	4	6	7	5						
1	7	2	9	4	8	5	6	3	9	1	4	7	2	8
8	9	6	5	3	2	4	1	7	8	2	3	9	5	6
4	5	3	7	1	6	9	2	8	7	5	6	4	1	3
						1	8	9	6	7	5	3	4	2
						2	7	4	1	3	8	6	9	5
						6	3	5	2	4	9	8	7	1
						8	5	6	4	9	1	2	3	7
						7	4	1	3	6	2	5	8	9
						3	9	2	5	8	7	1	6	4

31.

		3				1								
				1										
			6			4	5							
	4		5											
7	9						2	6						
					7		3							
	8	5			1							1		
				6						1				
		9							7					8
						6		9						2
									8		4			
						8						9		3
						7					5		6	
										8		5		
								3						

（本题答案见第29页）

33.

7	4	9	2	8	5	6	3	1						
1	5	2	9	6	3	8	7	4						
6	3	8	7	4	1	5	9	2						
9	2	6	1	5	4	3	8	7						
4	8	7	3	9	2	1	6	5						
3	1	5	8	7	6	2	4	9						
8	9	3	5	2	7	4	1	6	2	5	8	3	9	7
5	6	1	4	3	9	7	2	8	9	6	3	1	4	5
2	7	4	6	1	8	9	5	3	1	4	7	8	6	2
						1	6	9	7	8	2	5	3	4
						5	8	7	4	3	9	2	1	6
						2	3	4	5	1	6	7	8	9
						8	4	5	6	7	1	9	2	3
						3	7	2	8	9	4	6	5	1
						6	9	1	3	2	5	4	7	8

32.

						7								
			4		7									
							4							
	4			8		2	3							
			2		1									
	1	8		9			7							
	7									1	4			
			5		2									6
		3										4		
								9				3	4	
									1		8			
							3	5				8		
								6						
						7								9
									5	8		1		

（本题答案见第30页）

34.

5	3	2	7	6	8	4	1	9						
4	1	9	3	2	5	6	7	8						
8	7	6	9	1	4	3	2	5						
3	2	5	6	9	1	8	4	7						
7	4	1	8	3	2	9	5	6						
6	9	8	5	4	7	1	3	2						
9	5	4	1	7	6	2	8	3	9	5	1	4	6	7
1	6	7	2	8	3	5	9	4	6	8	7	1	2	3
2	8	3	4	5	9	7	6	1	2	4	3	5	8	9
						8	3	2	7	9	4	6	1	5
						6	4	5	1	3	2	7	9	8
						1	7	9	8	6	5	2	3	4
						4	5	6	3	2	9	8	7	1
						3	1	8	5	7	6	9	4	2
						9	2	7	4	1	8	3	5	6

33.

			2			6		1						
		2												
	3				1									
9				5		3								
			3		2									
		5		7				9						
			5						2					
										6		1	4	
2		4			8						7			
						1					2			
							8		4		9		1	
									5					9
									6					
							7	2		9				
											5		7	

（本题答案见第31页）

35.

9	2	1	7	6	8	3	5	4						
7	3	8	5	1	4	2	6	9						
4	6	5	3	2	9	7	1	8						
5	9	3	2	4	6	1	8	7						
8	7	2	1	9	5	6	4	3						
1	4	6	8	7	3	5	9	2						
6	1	9	4	3	2	8	7	5	2	1	6	9	3	4
3	5	7	9	8	1	4	2	6	8	9	3	7	1	5
2	8	4	6	5	7	9	3	1	4	7	5	8	2	6
						6	9	3	5	8	2	1	4	7
						7	4	2	9	6	1	5	8	3
						5	1	8	7	4	3	6	9	2
						2	6	9	8	3	7	4	5	1
						1	5	4	6	2	9	3	7	8
						3	8	7	1	5	4	2	6	9

34.

					8									
						6	7							
8			9		4									
	2		6				4							
				3										
	9				7		3							
			1		6				9		1			
	6	7												3
			4										8	
						8				9				5
									1		2			
						1				6				4
							5						7	
						3						9		
									4		8			

（本题答案见第32页）

36.

2	7	6	8	3	9	4	1	5						
9	5	4	2	7	1	6	8	3						
8	1	3	5	4	6	2	9	7						
6	4	2	1	5	3	9	7	8						
7	8	5	4	9	2	3	6	1						
1	3	9	7	6	8	5	2	4						
3	9	1	6	8	4	7	5	2	6	8	3	1	4	9
5	6	8	3	2	7	1	4	9	2	7	5	3	8	6
4	2	7	9	1	5	8	3	6	1	4	9	2	5	7
						2	6	7	5	9	1	8	3	4
						5	9	1	4	3	8	7	6	2
						4	8	3	7	6	2	9	1	5
						3	2	5	9	1	6	4	7	8
						9	1	4	8	5	7	6	2	3
						6	7	8	3	2	4	5	9	1

35.

					8									
						2	6	9						
	6		3											
			2			1								
	7		1		5		4							
		6			3									
					2								3	4
3	5	7												
			6						4	7	5		2	
								3		8		1		
								8		4		6		
							6		8	3	7			1
						3	8							9

（本题答案见第33页）

37.

5	9	8	6	7	4	2	1	3						
1	6	4	2	3	9	7	5	8						
7	3	2	5	1	8	6	4	9						
6	1	5	8	9	2	3	7	4						
8	7	9	3	4	5	1	6	2						
4	2	3	7	6	1	8	9	5						
3	5	1	4	2	7	9	8	6	4	3	5	7	2	1
2	8	7	9	5	6	4	3	1	7	6	2	5	8	9
9	4	6	1	8	3	5	2	7	9	8	1	6	4	3
						2	6	8	5	7	9	3	1	4
						3	1	4	8	2	6	9	7	5
						7	9	5	3	1	4	8	6	2
						8	5	2	6	4	3	1	9	7
						6	4	3	1	9	7	2	5	8
						1	7	9	2	5	8	4	3	6

36.

						4	1							
		4		7										
			5		6		9							
						9		8						
	8						6							
1		9												
	9		6		4							1	4	
				2							5		8	
	2	7										2		7
								7						
							9						6	
												9		
						3		5				4		
							1		8					3
							7	8						

（本题答案见第34页）

38.

1	2	7	6	8	4	9	5	3						
6	4	9	3	1	5	7	2	8						
5	8	3	2	7	9	4	1	6						
2	7	1	8	4	6	3	9	5						
9	6	4	5	3	1	8	7	2						
8	3	5	9	2	7	6	4	1						
7	1	8	4	6	2	5	3	9	8	4	1	2	7	6
4	5	6	1	9	3	2	8	7	6	3	9	4	1	5
3	9	2	7	5	8	1	6	4	2	7	5	3	8	9
						7	5	8	3	1	2	6	9	4
						6	4	1	5	9	7	8	3	2
						9	2	3	4	8	6	1	5	7
						3	1	5	9	2	4	7	6	8
						4	7	6	1	5	8	9	2	3
						8	9	2	7	6	3	5	4	1

37.

					4	2								
7	3		5		8		4	9						
6														
	7		3		5		6							
								5						
3	5		4		7				4				2	
													8	
		6	1						9					3
							6						1	
						3				2				5
							9						6	
						8					3			7
							4					2		
							7				8			

（本题答案见第35页）

39.

5	1	7	3	9	4	2	8	6						
3	9	4	2	6	8	1	5	7						
6	8	2	7	5	1	3	9	4						
9	5	1	6	7	2	4	3	8						
8	4	3	9	1	5	6	7	2						
2	7	6	8	4	3	5	1	9						
7	6	5	1	2	9	8	4	3	9	7	2	5	1	6
4	3	9	5	8	6	7	2	1	6	5	8	3	4	9
1	2	8	4	3	7	9	6	5	3	4	1	7	8	2
						6	3	4	7	8	5	9	2	1
						5	9	2	4	1	3	8	6	7
						1	7	8	2	6	9	4	5	3
						2	1	9	5	3	4	6	7	8
						4	8	7	1	9	6	2	3	5
						3	5	6	8	2	7	1	9	4

38.

						9	5							
6					5									
	8				9									
2		1			6									
	6			3			7							
			9			6		1						
			4						8		1		7	
			1									4		5
	9	2												
							5			1			9	
								1				8		
							2			8			5	
													6	
						4		6						
							9		7		3			

（本题答案见第36页）

40.

7	5	8	1	9	3	2	6	4						
1	4	3	6	8	2	5	7	9						
6	9	2	7	4	5	3	1	8						
9	3	7	8	6	1	4	2	5						
2	8	6	4	5	7	1	9	3						
4	1	5	2	3	9	7	8	6						
3	7	9	5	1	8	6	4	2	3	5	7	1	9	8
5	6	1	9	2	4	8	3	7	9	2	1	4	6	5
8	2	4	3	7	6	9	5	1	4	6	8	7	2	3
						4	2	9	8	7	3	5	1	6
						5	7	8	6	1	9	3	4	2
						3	1	6	5	4	2	8	7	9
						7	6	5	2	8	4	9	3	1
						1	8	3	7	9	6	2	5	4
						2	9	4	1	3	5	6	8	7

39.

		7				2								
					8		5							
					1	3								
9						4								
	4						7							
		6						9						
		5	1							7	2			
	3		5									3		9
		8									1			
							3			8				
							9		4		3		6	
										6			5	
									5					
						4		7						
									8	2				

（本题答案见第37页）

41.

8	3	9	2	1	4	6	7	5						
4	5	2	7	8	6	1	3	9						
6	1	7	5	3	9	2	4	8						
3	9	1	6	5	7	8	2	4						
2	4	5	1	9	8	3	6	7						
7	6	8	4	2	3	5	9	1						
9	2	6	8	7	1	4	5	3	2	9	1	7	8	6
5	8	3	9	4	2	7	1	6	3	8	5	2	4	9
1	7	4	3	6	5	9	8	2	7	4	6	3	5	1
						3	4	8	9	6	7	5	1	2
						6	9	1	8	5	2	4	7	3
						2	7	5	4	1	3	6	9	8
						1	3	9	6	7	4	8	2	5
						5	6	7	1	2	8	9	3	4
						8	2	4	5	3	9	1	6	7

40.

	5		1		3		6							
		3												
						3								
			8		1		2							
2								3						
	1		2		9									
		9							3		7			
													6	5
	2		3		6						8			
								9		7				
							7		6		9		4	
										4		8		
									2					
						1	8							
									1		5		8	

（本题答案见第38页）

42.

3	6	8	9	5	1	4	2	7						
1	5	9	4	2	7	8	6	3						
2	7	4	8	6	3	9	5	1						
7	8	5	2	3	4	1	9	6						
9	1	6	7	8	5	2	3	4						
4	3	2	1	9	6	7	8	5						
8	4	3	6	7	2	5	1	9	8	7	6	2	3	4
5	9	1	3	4	8	6	7	2	3	4	5	9	8	1
6	2	7	5	1	9	3	4	8	1	9	2	5	6	7
						1	6	4	9	3	7	8	5	2
						2	5	7	4	6	8	3	1	9
						8	9	3	2	5	1	7	4	6
						7	2	1	6	8	3	4	9	5
						4	3	5	7	1	9	6	2	8
						9	8	6	5	2	4	1	7	3

41.

				1			7							
			7			1		9						
	9			5				4						
			1		8									
7				2			9							
											1			
5		3			2					8		2		9
	7			6								3		
							4	8						
								1				4		
												6	9	
								9					2	
						5		7		2				
									5			1		

（本题答案见第39页）

43.

2	5	7	8	6	4	3	9	1						
8	4	1	9	2	3	7	5	6						
9	6	3	5	7	1	4	2	8						
5	7	2	6	4	8	1	3	9						
3	8	4	2	1	9	6	7	5						
6	1	9	3	5	7	8	4	2						
4	2	6	7	8	5	9	1	3	8	5	4	2	6	7
1	9	8	4	3	2	5	6	7	1	2	3	8	9	4
7	3	5	1	9	6	2	8	4	9	6	7	5	1	3
						3	9	5	2	4	8	1	7	6
						8	4	6	7	3	1	9	5	2
						1	7	2	6	9	5	4	3	8
						6	5	1	3	8	2	7	4	9
						7	2	9	4	1	6	3	8	5
						4	3	8	5	7	9	6	2	1

42.

3						4								
				2	7		6							
2		4						1						
			2				9							
		6				2								
	3				6									
8										7				
	9		3	4								9		
		7							1		2			
						1		4		3				
						2			4		8			9
										5		7		6
									6		3			
								5						8
										2				

（本题答案见第40页）

44.

9	2	3	5	8	1	7	4	6						
1	5	7	4	2	6	9	3	8						
6	4	8	7	9	3	2	1	5						
8	7	4	3	1	5	6	9	2						
2	3	9	6	7	8	1	5	4						
5	1	6	9	4	2	8	7	3						
3	6	1	2	5	9	4	8	7	5	6	9	3	1	2
7	8	2	1	3	4	5	6	9	1	2	3	4	8	7
4	9	5	8	6	7	3	2	1	4	8	7	9	6	5
						9	5	4	7	3	6	1	2	8
						2	1	8	9	5	4	7	3	6
						7	3	6	8	1	2	5	4	9
						6	9	5	2	4	1	8	7	3
						8	4	2	3	7	5	6	9	1
						1	7	3	6	9	8	2	5	4

43.

8				2	3		5							
				7		4								
5			6					9						
			2		9									
6					7			2						
		6		8							4	2		
	9		4	3					1					
										6			1	
						3								6
							4						5	
						1								8
							5			8				
											6	3		
								8	5			6		

（本题答案见第41页）

45.

2	6	5	4	7	9	8	1	3						
7	9	8	3	1	6	4	5	2						
1	4	3	2	8	5	9	6	7						
8	3	4	5	2	7	1	9	6						
5	7	1	9	6	4	3	2	8						
6	2	9	1	3	8	5	7	4						
9	1	2	6	4	3	7	8	5	2	3	1	9	4	6
3	8	6	7	5	1	2	4	9	6	7	8	1	3	5
4	5	7	8	9	2	6	3	1	9	4	5	2	7	8
						1	7	8	3	5	9	6	2	4
						9	6	4	7	1	2	5	8	3
						5	2	3	4	8	6	7	1	9
						4	1	7	5	6	3	8	9	2
						3	9	6	8	2	7	4	5	1
						8	5	2	1	9	4	3	6	7

44.

			5											
	5			2			3							
6					3									
	7	4		1										
			6		8									
				4		8	7							
			2											2
	8			3						2				
					7						7		6	5
							5				6			
							1	8				7	3	
									8				4	
						6	9		2					3
										7				
						1								

（本题答案见第42页）

46.

9	5	6	8	3	4	2	7	1						
4	7	8	2	9	1	5	3	6						
2	3	1	6	5	7	9	4	8						
3	4	2	5	1	8	6	9	7						
6	1	7	9	4	2	8	5	3						
8	9	5	3	7	6	1	2	4						
1	2	9	7	8	3	4	6	5	8	1	2	9	7	3
7	6	4	1	2	5	3	8	9	7	5	4	6	2	1
5	8	3	4	6	9	7	1	2	9	6	3	8	5	4
						1	9	4	3	8	7	2	6	5
						6	7	3	2	9	5	1	4	8
						2	5	8	1	4	6	7	3	9
						9	3	6	4	7	1	5	8	2
						8	4	7	5	2	9	3	1	6
						5	2	1	6	3	8	4	9	7

45.

						8								
				1										
	4		2					7						
		4		2										
	7	1	9		4	3	2							
				3		5								
9					3							9		
				5										
		7								4	5			
							7					6		4
							6		7		2		8	
						5		3					1	
									5	6				
												4		
								2				3		

（本题答案见第43页）

47.

2	1	3	8	7	9	4	6	5						
8	5	9	4	2	6	3	7	1						
6	7	4	3	1	5	8	2	9						
5	3	6	7	4	1	9	8	2						
1	9	8	6	3	2	5	4	7						
7	4	2	5	9	8	1	3	6						
3	2	7	1	5	4	6	9	8	7	5	2	4	3	1
9	6	5	2	8	3	7	1	4	6	3	9	5	8	2
4	8	1	9	6	7	2	5	3	4	8	1	7	6	9
						4	7	6	9	1	3	8	2	5
						9	2	1	5	4	8	6	7	3
						3	8	5	2	6	7	9	1	4
						1	3	9	8	7	5	2	4	6
						8	6	2	1	9	4	3	5	7
						5	4	7	3	2	6	1	9	8

46.

9	5		8			2								
4		8					3							
					7		4							
						6								
	1			4			5							
		5												
	2		7						8		2			3
	6													
		3			9					6				
								4				2	6	
						6			2		5			8
							5	8				7		
										7				
													1	
						5			6		8			

48.

3	9	1	7	8	6	2	5	4						
8	6	7	4	5	2	3	1	9						
2	5	4	3	9	1	6	7	8						
7	1	9	2	6	3	8	4	5						
4	3	8	1	7	5	9	6	2						
6	2	5	9	4	8	1	3	7						
9	7	2	6	1	4	5	8	3	4	9	6	7	1	2
1	8	3	5	2	7	4	9	6	1	2	7	5	8	3
5	4	6	8	3	9	7	2	1	5	8	3	6	9	4
						6	5	4	3	7	9	1	2	8
						2	1	8	6	5	4	3	7	9
						3	7	9	8	1	2	4	5	6
						9	6	5	2	4	1	8	3	7
						8	4	2	7	3	5	9	6	1
						1	3	7	9	6	8	2	4	5

（本题答案见第44页）

47.

	1						6							
			4		6									
						8		9						
5								2						
		8		3		5								
7								6						
3		7												
			2		3						9			
	8									8				9
						4	7						2	5
									5		8			
						3	8						1	4
						1				7		2		
									1					
													9	

（本题答案见第45页）

49.

6	3	9	1	7	4	2	8	5						
8	1	5	3	9	2	4	6	7						
7	2	4	6	8	5	3	1	9						
2	4	6	5	3	7	8	9	1						
3	5	8	9	2	1	7	4	6						
1	9	7	4	6	8	5	3	2						
4	6	1	7	5	3	9	2	8	5	4	3	1	7	6
5	8	3	2	1	9	6	7	4	1	2	9	5	3	8
9	7	2	8	4	6	1	5	3	8	7	6	9	2	4
						4	1	5	3	6	2	7	8	9
						8	6	2	9	1	7	3	4	5
						3	9	7	4	8	5	2	6	1
						2	3	1	6	9	4	8	5	7
						7	8	6	2	5	1	4	9	3
						5	4	9	7	3	8	6	1	2

48.

						2								
						3								
	5				1									
7		9		6										
			1		5									
				4		1		7						
			6											2
		3							1	2		5		
		6										6	9	
														8
							1		6		4		7	
						3								
							6	5				8		
								2		3	5			
						1								

（本题答案见第46页）

50.

7	1	8	2	4	5	9	6	3						
6	3	5	8	9	1	7	4	2						
2	4	9	6	3	7	8	1	5						
8	2	7	3	5	6	4	9	1						
3	5	6	4	1	9	2	8	7						
1	9	4	7	8	2	3	5	6						
5	8	2	1	7	4	6	3	9	8	2	1	7	5	4
9	6	3	5	2	8	1	7	4	9	6	5	2	3	8
4	7	1	9	6	3	5	2	8	3	4	7	9	1	6
						4	5	2	1	8	6	3	9	7
						3	9	7	2	5	4	8	6	1
						8	1	6	7	9	3	5	4	2
						9	6	1	5	7	2	4	8	3
						7	8	3	4	1	9	6	2	5
						2	4	5	6	3	8	1	7	9

49.

6			1		4		8							
8			3				6							
2			5		7			1						
1			4		8			2						
									5		3	1		
	8				9					2		5		
	7		8		6				8					
						4	1	5						
												2	6	1
											4			
								6		5			9	
								9	7		8			

（本题答案见第47页）

51.

9	6	8	7	5	2	4	1	3						
3	5	2	1	9	4	7	6	8						
4	1	7	3	6	8	5	2	9						
1	7	6	5	2	9	3	8	4						
5	2	9	4	8	3	6	7	1						
8	4	3	6	7	1	9	5	2						
6	9	1	8	4	7	2	3	5	7	9	6	8	4	1
2	3	5	9	1	6	8	4	7	2	1	5	9	6	3
7	8	4	2	3	5	1	9	6	3	4	8	2	5	7
						6	1	3	9	2	4	5	7	8
						7	5	9	8	3	1	4	2	6
						4	8	2	5	6	7	3	1	9
						5	2	8	6	7	3	1	9	4
						3	7	1	4	5	9	6	8	2
						9	6	4	1	8	2	7	3	5

50.

7			2					3						
		5					4	2						
		9	6											
	2													
	5			1			8							
							5							
					4									
9	6										5			8
4					3				3		7			6
								2		8		3		
								6		9		5		
						9			5		2			
						7			4					
												1	7	

52.

3	1	6	2	4	5	9	7	8						
5	4	2	8	7	9	1	6	3						
9	7	8	1	3	6	5	2	4						
2	3	1	6	8	7	4	9	5						
4	8	5	9	2	3	6	1	7						
7	9	6	4	5	1	8	3	2						
6	2	3	5	9	8	7	4	1	6	9	8	5	2	3
8	9	4	7	1	2	3	5	6	7	1	2	4	9	8
1	5	7	3	6	4	2	8	9	3	4	5	6	1	7
						9	7	5	2	8	4	1	3	6
						6	3	4	1	7	9	2	8	5
						1	2	8	5	3	6	9	7	4
						8	1	2	4	5	7	3	6	9
						5	6	7	9	2	3	8	4	1
						4	9	3	8	6	1	7	5	2

（本题答案见第48页）

51.

9	6	8				4								
					4		6							
						5								
1			5		9									
	2						7							
			6		1			2						
		1							7		6			
	3		9							1				
		4											5	
						6				2				8
							5		8		1		2	
						4				6				9
							2							4
										5				
									1		2		3	

（本题答案见第49页）

53.

9	5	2	3	1	8	7	4	6						
6	8	1	2	7	4	5	3	9						
3	4	7	9	5	6	2	1	8						
2	6	3	1	9	5	8	7	4						
8	9	5	7	4	2	3	6	1						
7	1	4	8	6	3	9	5	2						
5	3	9	4	2	1	6	8	7	1	9	3	2	5	4
4	7	6	5	8	9	1	2	3	5	7	4	8	9	6
1	2	8	6	3	7	4	9	5	2	8	6	1	7	3
						5	6	2	8	4	9	7	3	1
						3	1	8	7	6	5	9	4	2
						7	4	9	3	1	2	5	6	8
						9	7	6	4	2	8	3	1	5
						2	5	1	6	3	7	4	8	9
						8	3	4	9	5	1	6	2	7

52.

							7							
							6	3						
			1											
2		1		8										
			9		3									
				5		8		2						
					8								2	
8	9								7			4		
	5										5		1	
										8				6
							3		1		9		8	
						1				3				
							1		4					
								7			3			1
							9						5	

（本题答案见第50页）

54.

8	3	7	4	5	2	1	6	9						
2	1	6	8	7	9	5	3	4						
4	5	9	1	3	6	8	2	7						
5	4	8	3	2	1	7	9	6						
1	6	3	7	9	8	4	5	2						
7	9	2	5	6	4	3	1	8						
9	8	4	2	1	3	6	7	5	4	9	1	3	8	2
3	2	5	6	8	7	9	4	1	8	2	3	6	7	5
6	7	1	9	4	5	2	8	3	6	5	7	1	4	9
						7	9	2	5	1	4	8	6	3
						1	3	4	9	8	6	5	2	7
						8	5	6	3	7	2	9	1	4
						3	1	9	2	4	8	7	5	6
						4	6	7	1	3	5	2	9	8
						5	2	8	7	6	9	4	3	1

53.

	5			1										
6	8		2		4		3	9						
				9			7							
	1			6										
										9				
4	7		5		9					7				6
				3								1		
									8	4		7		1
						7		9		1	2			
								6						5
						2				3			8	
										5			2	

（本题答案见第51页）

55.

3	2	5	7	6	1	4	9	8						
7	1	4	8	3	9	6	5	2						
8	6	9	4	5	2	1	3	7						
9	3	2	1	7	4	5	8	6						
4	7	6	9	8	5	3	2	1						
5	8	1	3	2	6	9	7	4						
6	5	7	2	4	3	8	1	9	7	6	3	5	4	2
1	4	8	5	9	7	2	6	3	5	4	1	7	9	8
2	9	3	6	1	8	7	4	5	8	9	2	1	3	6
						3	2	6	4	5	8	9	7	1
						9	8	1	2	3	7	6	5	4
						4	5	7	6	1	9	8	2	3
						1	3	4	9	7	6	2	8	5
						6	7	2	3	8	5	4	1	9
						5	9	8	1	2	4	3	6	7

54.

			4					9						
	1	6		7										
				3			2	7						
5			3											
		3		9		4								
					4			8						
9	8			1					4		1	3		
				8							3			
6					5									9
							9						6	
							5						1	
						3							5	6
									1					
								8	7		9	4		

（本题答案见第52页）

56.

6	5	2	1	8	7	4	3	9						
1	4	3	5	9	2	7	6	8						
7	8	9	3	6	4	5	2	1						
9	6	5	8	1	3	2	4	7						
3	7	4	9	2	6	8	1	5						
8	2	1	7	4	5	3	9	6						
2	3	8	6	7	9	1	5	4	6	8	2	3	9	7
5	1	6	4	3	8	9	7	2	4	3	5	1	8	6
4	9	7	2	5	1	6	8	3	9	7	1	2	5	4
						4	1	6	7	2	9	8	3	5
						7	2	9	8	5	3	6	4	1
						5	3	8	1	4	6	7	2	9
						2	4	1	8	6	5	9	7	3
						3	9	7	2	1	4	5	6	8
						8	6	5	3	9	7	4	1	2

55.

	2		7		1			8						
				3			5							
						1								
9					4	5								
				8										
		1	3					4						
		7											4	
	4			9								7		
2			6		8					9				
						3								1
									2		7			
						4								3
										7				5
								2					1	
							9					3		

（本题答案见第53页）

57.

9	4	5	7	6	2	3	8	1						
2	3	7	4	8	1	6	5	9						
6	1	8	9	3	5	4	2	7						
3	7	6	5	1	9	2	4	8						
1	5	4	8	2	3	9	7	6						
8	9	2	6	4	7	5	1	3						
4	6	3	2	7	8	1	9	5	3	4	8	7	2	6
5	8	1	3	9	4	7	6	2	1	9	5	8	3	4
7	2	9	1	5	6	8	3	4	2	6	7	5	9	1
						6	5	7	8	3	4	9	1	2
						2	8	1	6	5	9	3	4	7
						3	4	9	7	1	2	6	5	8
						4	7	3	5	8	1	2	6	9
						5	1	8	9	2	6	4	7	3
						9	2	6	4	7	3	1	8	5

56.

						4								
				9	2									
7						5								
		5		1			4							
			9		6									
	2			4		3								
		8							6			3		7
			4	3									8	
		7							9					
									7					
						7	2			5			4	1
											6			
											8			
							9							
						8		5			7		1	2

（本题答案见第54页）

58

5	6	3	7	4	8	2	9	1						
7	1	8	2	6	9	3	4	5						
4	9	2	3	5	1	7	6	8						
6	3	4	9	2	5	1	8	7						
9	8	7	1	3	6	5	2	4						
1	2	5	8	7	4	6	3	9						
3	7	9	4	1	2	8	5	6	2	4	9	1	3	7
8	5	1	6	9	3	4	7	2	1	5	3	6	9	8
2	4	6	5	8	7	9	1	3	7	8	6	4	5	2
						6	4	5	9	7	8	2	1	3
						3	8	7	5	2	1	9	4	6
						1	2	9	6	3	4	8	7	5
						7	9	1	3	6	2	5	8	4
						2	3	4	8	1	5	7	6	9
						5	6	8	4	9	7	3	2	1

57.

	4	5				3		1						
					1									
					5									
3		6		1										
1								6						
				4		5		3						
			2											
			3							9				
7		9									7	5		
						6			8				1	
						2		1	6		9	3		7
							4				2			8
								3	5					9
										2				

（本题答案见第55页）

59.

9	1	5	6	8	7	2	3	4						
7	8	4	3	5	2	6	9	1						
2	3	6	4	9	1	5	8	7						
5	9	1	8	4	3	7	2	6						
8	4	3	2	7	6	9	1	5						
6	7	2	9	1	5	3	4	8						
3	5	8	1	6	9	4	7	2	1	3	5	8	9	6
4	2	7	5	3	8	1	6	9	2	8	4	7	5	3
1	6	9	7	2	4	8	5	3	6	9	7	4	1	2
						6	2	1	5	4	9	3	7	8
						9	3	4	8	7	1	6	2	5
						7	8	5	3	6	2	9	4	1
						5	9	8	4	2	3	1	6	7
						3	1	7	9	5	6	2	8	4
						2	4	6	7	1	8	5	3	9

58.

				4		2								
				5			6	8						
			9			1		7						
	8			3			2							
1		5			4									
3	7			1						4				
									1		3			
		6		8									5	2
							4			7				
						3	8						4	6
										3			7	
						7	9							
									8		5			
										9			2	

（本题答案见第56页）

60.

9	2	6	8	3	5	1	4	7						
5	1	4	9	2	7	3	6	8						
8	3	7	4	1	6	2	5	9						
1	4	5	3	6	8	7	9	2						
3	8	9	7	5	2	6	1	4						
6	7	2	1	9	4	5	8	3						
2	6	3	5	4	9	8	7	1	5	2	4	6	3	9
7	9	1	6	8	3	4	2	5	9	6	3	8	7	1
4	5	8	2	7	1	9	3	6	8	7	1	2	4	5
						7	5	2	3	4	8	9	1	6
						6	4	9	7	1	2	3	5	8
						1	8	3	6	5	9	7	2	4
						2	6	7	1	8	5	4	9	3
						5	9	4	2	3	6	1	8	7
						3	1	8	4	9	7	5	6	2

59.

	1				7									
				5		6								
2		6												
5				4										
	4		2		6		1							
				1				8						
												8		
		7		3							4			
			7							9				2
							2	1		4			7	
							8			6		9	4	
						5				2			6	
									9					4
								6						

（本题答案见第57页）

61.

4	1	7	3	6	8	2	9	5						
5	2	8	4	9	7	3	1	6						
3	6	9	1	5	2	7	8	4						
2	9	1	7	4	6	5	3	8						
7	5	6	8	3	9	1	4	2						
8	4	3	2	1	5	6	7	9						
6	3	4	9	2	1	8	5	7	6	2	4	9	3	1
1	8	2	5	7	4	9	6	3	8	7	1	4	5	2
9	7	5	6	8	3	4	2	1	3	5	9	8	6	7
						2	7	9	4	6	5	3	1	8
						6	8	4	1	3	7	2	9	5
						1	3	5	9	8	2	6	7	4
						5	9	2	7	4	3	1	8	6
						3	4	6	5	1	8	7	2	9
						7	1	8	2	9	6	5	4	3

60.

	2		8					7						
	3			1										
1		5		6				2						
			7		2									
6				9		5		3						
				4										9
											3		7	
4					1									
						7	5				8			6
						1			6				2	4
							9		2					
						3						5		

（本题答案见第58页）

62.

5	6	1	7	8	9	3	2	4						
4	7	2	5	1	3	6	9	8						
3	9	8	4	6	2	1	7	5						
1	5	3	2	7	8	9	4	6						
2	4	9	3	5	6	7	8	1						
7	8	6	9	4	1	2	5	3						
8	3	7	6	9	5	4	1	2	3	6	5	7	8	9
9	2	5	1	3	4	8	6	7	4	9	1	5	2	3
6	1	4	8	2	7	5	3	9	8	2	7	1	6	4
						9	7	6	1	3	4	2	5	8
						2	4	8	5	7	9	3	1	6
						1	5	3	6	8	2	9	4	7
						6	9	5	2	4	3	8	7	1
						7	8	1	9	5	6	4	3	2
						3	2	4	7	1	8	6	9	5

61.

	1				8									
5				9		3		6						
	6				2									
						5		8						
8		3												
			9							2			3	
1		2		7					8				5	
			6											7
						2		9			5			
										3				
									9			6		4
						5								6
							4				8			
							1			9		5		

（本题答案见第59页）

63.

8	2	4	6	5	9	3	1	7						
1	7	9	3	2	8	6	5	4						
3	6	5	4	1	7	8	2	9						
5	3	6	9	7	2	1	4	8						
7	4	2	8	3	1	5	9	6						
9	8	1	5	4	6	2	7	3						
2	9	3	7	8	5	4	6	1	8	3	5	2	7	9
4	1	7	2	6	3	9	8	5	2	6	7	1	3	4
6	5	8	1	9	4	7	3	2	9	1	4	6	8	5
						5	9	6	7	8	2	3	4	1
						3	2	4	6	5	1	8	9	7
						8	1	7	4	9	3	5	6	2
						2	4	8	1	7	6	9	5	3
						6	7	3	5	2	9	4	1	8
						1	5	9	3	4	8	7	2	6

62.

				8	9			4						
					3	6								
	9													
		3						6						
	4			5			8							
7						2								
											5		8	
		5	1									5		
6			8	2					8		7		6	
								6				2		
									5		9			
								3				9		
							9		2		3		7	
								1						
							2		7					

（本题答案见第60页）

64.

6	3	2	1	7	8	4	5	9						
5	1	9	4	6	2	7	3	8						
8	7	4	3	5	9	2	6	1						
1	8	6	7	9	5	3	2	4						
4	5	3	2	8	1	9	7	6						
9	2	7	6	4	3	8	1	5						
3	6	1	9	2	4	5	8	7	9	4	3	2	1	6
2	4	5	8	1	7	6	9	3	1	7	2	8	5	4
7	9	8	5	3	6	1	4	2	8	5	6	3	7	9
						8	7	1	6	2	9	4	3	5
						4	2	6	5	3	1	9	8	7
						9	3	5	4	8	7	6	2	1
						3	5	4	7	6	8	1	9	2
						2	6	9	3	1	5	7	4	8
						7	1	8	2	9	4	5	6	3

63.

							1							
1		9			8	6								
			4		7	8								
	3							8						
		2		3		5								
9							7							
		3	7		5							2		
		7	2											
	5								9			6		
							9	6	7			3		
								7			3	5	6	
								8			6		5	
												4		
								9						

（本题答案见第61页）

65.

7	5	8	9	2	4	3	6	1						
9	2	6	3	5	1	7	8	4						
4	3	1	6	8	7	5	2	9						
8	7	5	4	3	2	9	1	6						
6	4	3	1	9	8	2	7	5						
2	1	9	7	6	5	8	4	3						
1	8	4	5	7	3	6	9	2	1	3	8	4	5	7
5	6	2	8	1	9	4	3	7	5	6	9	1	2	8
3	9	7	2	4	6	1	5	8	7	4	2	9	3	6
						5	7	6	9	8	3	2	4	1
						9	8	1	2	5	4	6	7	3
						3	2	4	6	7	1	5	8	9
						8	1	9	3	2	5	7	6	4
						7	4	5	8	1	6	3	9	2
						2	6	3	4	9	7	8	1	5

64.

			1		8		5							
	1													
	8		7		5		2							
4								6						
	2		6		3		1							
									9		3	2		
										7			5	
	9		5		6									9
									6					5
						4				3				7
						9					7			
						3								
							6			1				
								8	2		4		6	

66.

6	2	5	8	3	1	9	4	7						
7	1	9	4	5	2	8	3	6						
4	3	8	6	7	9	1	2	5						
3	6	2	1	9	8	7	5	4						
1	9	4	5	2	7	6	8	3						
8	5	7	3	6	4	2	9	1						
5	8	3	2	1	6	4	7	9	8	6	3	5	1	2
2	7	1	9	4	5	3	6	8	5	2	1	9	4	7
9	4	6	7	8	3	5	1	2	7	9	4	6	8	3
						1	5	3	9	4	7	8	2	6
						9	8	4	6	3	2	7	5	1
						7	2	6	1	5	8	4	3	9
						2	4	5	3	7	6	1	9	8
						6	9	1	2	8	5	3	7	4
						8	3	7	4	1	9	2	6	5

（本题答案见第62页）

65.

					4									
9				5				4						
4	3				7									
		5		3		9	1							
	1	9		6		8								
			5						1		8			
5				1										8
			2							4				
											3			1
							8	1				6	7	
						3			6					
										2			6	4
						7							9	
									4		7			

67.

9	1	4	2	5	8	3	7	6						
5	3	2	6	7	1	8	4	9						
6	7	8	3	4	9	5	2	1						
8	4	1	5	6	3	7	9	2						
3	2	6	7	9	4	1	5	8						
7	9	5	8	1	2	4	6	3						
1	8	9	4	2	7	6	3	5	8	9	2	7	1	4
4	6	3	9	8	5	2	1	7	4	6	3	9	5	8
2	5	7	1	3	6	9	8	4	7	1	5	6	3	2
						3	2	8	9	4	1	5	7	6
						5	7	1	2	8	6	4	9	3
						4	6	9	3	5	7	2	8	1
						1	5	2	6	7	8	3	4	9
						8	9	6	5	3	4	1	2	7
						7	4	3	1	2	9	8	6	5

（本题答案见第63页）

66.

	2		8											
				5		8	3							
			6					5						
	6					7								
1				2				3						
		7					9							
5					6				8		3			
	7	1		4								9		7
					3						4			
						1	5							
									6		2			
													3	9
									3					
						6		1						
									4		9	2	6	

（本题答案见第64页）

68.

2	9	4	5	6	8	3	7	1						
6	3	5	7	2	1	9	4	8						
1	7	8	9	4	3	6	2	5						
8	6	7	4	3	5	1	9	2						
4	5	2	1	7	9	8	3	6						
9	1	3	2	8	6	7	5	4						
7	2	9	6	1	4	5	8	3	4	1	6	9	7	2
5	8	6	3	9	2	4	1	7	2	9	8	3	5	6
3	4	1	8	5	7	2	6	9	7	3	5	1	8	4
						7	2	4	1	6	9	8	3	5
						1	3	5	8	2	4	7	6	9
						8	9	6	3	5	7	4	2	1
						3	5	8	6	4	1	2	9	7
						9	7	1	5	8	2	6	4	3
						6	4	2	9	7	3	5	1	8

67.

						3								
	3			7	1									
				4		5								
	4		5				9							
	9				2		6							
		9		2					8				1	
			9	8					4					
		7											3	
										4		5		
								1				4		
								9		5				
							5							
											4			7
							4				9	8		

（本题答案见第65页）

69.

1	5	2	4	3	6	7	9	8						
9	8	6	2	5	7	4	3	1						
4	7	3	8	1	9	5	2	6						
7	6	5	9	8	1	3	4	2						
8	4	1	3	7	2	6	5	9						
3	2	9	6	4	5	1	8	7						
6	3	4	7	9	8	2	1	5	3	8	7	6	4	9
5	9	7	1	2	4	8	6	3	5	4	9	1	7	2
2	1	8	5	6	3	9	7	4	6	1	2	3	8	5
						1	9	2	4	6	3	7	5	8
						3	8	6	7	2	5	4	9	1
						4	5	7	8	9	1	2	6	3
						5	2	1	9	7	6	8	3	4
						6	3	8	2	5	4	9	1	7
						7	4	9	1	3	8	5	2	6

68.

		4	5		8		7							
						9								
				4										
		7						2						
		2	1		9	8								
9						7								
				1							6			2
		6									8	3		
	4		8		7					3		1		
							2						3	
						1								9
							9						2	
								8		4				7
								1	5					
						6			9					8

（本题答案见第66页）

70.

2	3	7	6	5	4	8	1	9						
8	6	1	2	3	9	4	5	7						
4	5	9	7	8	1	3	2	6						
7	4	3	1	2	6	5	9	8						
1	8	6	3	9	5	7	4	2						
5	9	2	8	4	7	1	6	3						
3	7	5	4	6	2	9	8	1	6	7	3	5	4	2
9	2	8	5	1	3	6	7	4	1	5	2	9	3	8
6	1	4	9	7	8	2	3	5	4	8	9	6	7	1
						7	9	8	2	3	5	4	1	6
						1	6	2	7	4	8	3	5	9
						4	5	3	9	6	1	2	8	7
						5	2	7	3	1	6	8	9	4
						3	1	9	8	2	4	7	6	5
						8	4	6	5	9	7	1	2	3

69.

		2		3		7								
								1						
	7		8		9									
	6	5												
		1	3		2	6								
						1	8							
			7		8				3			6	4	
5												1		
		8		6							2			
										6		7		
						3		6		2		4		1
								7		9				
									9					
								8						7
							4	9			8		2	

（本题答案见第67页）

71.

8	9	4	2	1	7	6	3	5						
6	3	2	8	5	4	7	9	1						
1	5	7	6	9	3	2	8	4						
9	8	3	1	7	2	4	5	6						
5	7	6	9	4	8	1	2	3						
4	2	1	3	6	5	9	7	8						
3	6	8	7	2	1	5	4	9	7	6	8	1	2	3
2	1	5	4	8	9	3	6	7	1	9	2	4	8	5
7	4	9	5	3	6	8	1	2	5	3	4	6	7	9
						7	2	4	3	8	5	9	1	6
						1	9	5	2	4	6	7	3	8
						6	8	3	9	7	1	5	4	2
						9	3	1	6	2	7	8	5	4
						4	7	6	8	5	3	2	9	1
						2	5	8	4	1	9	3	6	7

70.

2			6	5										
8		1						7						
				8										
		3						8						
		6	3	9	5	7								
5						1								
				6								5	4	
9											2			
				7	8				4		9		7	
												4		
							6	2	7		8	3	5	
								3						
							2		3		6			
									8					
							4	6						

（本题答案见第68页）

72.

3	8	4	1	7	6	5	9	2						
1	6	2	4	9	5	8	7	3						
9	5	7	3	8	2	4	1	6						
2	9	6	5	3	8	1	4	7						
8	4	3	2	1	7	6	5	9						
7	1	5	6	4	9	3	2	8						
4	7	9	8	5	3	2	6	1	9	3	5	7	4	8
6	3	1	9	2	4	7	8	5	2	1	4	9	3	6
5	2	8	7	6	1	9	3	4	8	6	7	1	5	2
						4	1	2	3	5	6	8	9	7
						8	5	7	1	9	2	4	6	3
						3	9	6	7	4	8	2	1	5
						1	7	9	6	8	3	5	2	4
						6	4	8	5	2	1	3	7	9
						5	2	3	4	7	9	6	8	1

71.

	9			1										
			8			7								
			6			2	8							
		3			2									
	7						2							
			3			9								
	6	8			1				7				2	
		5			9							4		
				3					5				7	
						7		4				9		
									2		6			
								3				5		2
							3				7			4
								6						1
							5				9		6	

（本题答案见第69页）

73.

9	5	3	2	8	4	6	1	7						
8	1	2	9	6	7	4	3	5						
4	6	7	1	5	3	9	2	8						
6	9	4	5	1	8	2	7	3						
2	3	5	7	4	9	8	6	1						
1	7	8	6	3	2	5	9	4						
7	4	1	8	9	6	3	5	2	8	7	6	1	9	4
3	2	6	4	7	5	1	8	9	3	4	2	7	5	6
5	8	9	3	2	1	7	4	6	9	5	1	3	2	8
						2	1	8	7	6	9	4	3	5
						5	6	3	4	2	8	9	1	7
						4	9	7	1	3	5	8	6	2
						9	2	1	5	8	7	6	4	3
						8	3	5	6	9	4	2	7	1
						6	7	4	2	1	3	5	8	9

72.

			1		6	5								
1								3						
			3					6						
	9	6				1								
		5				3	2							
4					3				9	3				8
6										1				
		8	7		1							1		
						4					6		9	
						8	5						6	3
							9		7					5
								9						
										2		3		
						5				7	9			

（本题答案见第70页）

74.

6	8	9	7	4	5	3	1	2						
1	5	2	6	3	8	4	9	7						
7	4	3	1	2	9	6	5	8						
8	9	7	5	6	3	1	2	4						
3	2	5	8	1	4	7	6	9						
4	6	1	2	9	7	8	3	5						
2	3	8	4	5	6	9	7	1	5	3	4	6	8	2
5	7	6	9	8	1	2	4	3	6	1	8	5	9	7
9	1	4	3	7	2	5	8	6	2	9	7	4	1	3
						7	3	4	1	5	6	9	2	8
						1	5	2	8	7	9	3	6	4
						6	9	8	3	4	2	7	5	1
						3	6	5	4	2	1	8	7	9
						4	1	7	9	8	5	2	3	6
						8	2	9	7	6	3	1	4	5

73.

		3					1							
			9											
			1				2	8						
6		4					7							
			7		9									
	7					5		4						
7	4				6				8					
					5					4		7		6
	8										1	3		
										6		4		
								3				9		
								7		3				
								1	5				4	
						8		5		9			7	
											3			

（本题答案见第71页）

75.

7	4	6	3	5	8	9	1	2						
3	5	9	2	1	6	4	8	7						
8	1	2	9	4	7	3	5	6						
1	2	7	4	8	5	6	3	9						
9	6	8	1	3	2	5	7	4						
5	3	4	6	7	9	1	2	8						
2	7	1	5	6	4	8	9	3	2	1	4	7	5	6
6	9	3	8	2	1	7	4	5	8	3	6	9	1	2
4	8	5	7	9	3	2	6	1	5	7	9	8	3	4
						4	1	7	3	8	5	2	6	9
						5	2	8	6	9	1	3	4	7
						9	3	6	4	2	7	5	8	1
						1	5	2	7	4	3	6	9	8
						6	7	4	9	5	8	1	2	3
						3	8	9	1	6	2	4	7	5

74.

	8		7		5	3								
	5					4		7						
			1											
8				6										
3								9						
				9				5						
					6					3		6	8	
5		6								1				
		4	3		2						7		1	
						7							2	8
									8		9			
						6	9							1
							6		4					
										8				
							2	9		6				

（本题答案见第72页）

76.

3	5	7	2	8	1	4	9	6						
4	8	2	7	6	9	3	1	5						
9	1	6	4	5	3	2	8	7						
2	4	3	1	7	8	6	5	9						
5	7	9	3	4	6	1	2	8						
1	6	8	9	2	5	7	3	4						
8	2	5	6	1	7	9	4	3	6	8	2	1	7	5
6	3	4	8	9	2	5	7	1	9	3	4	6	8	2
7	9	1	5	3	4	8	6	2	7	1	5	3	4	9
						7	3	8	5	2	9	4	6	1
						2	1	9	4	6	3	7	5	8
						4	5	6	1	7	8	9	2	3
						3	9	7	8	5	6	2	1	4
						1	2	5	3	4	7	8	9	6
						6	8	4	2	9	1	5	3	7

75.

		6			8		1							
				1		4		7						
			9											
	2					6		9						
5		4					2							
					4				2					
6		3		2					8			9		
	8		7										3	
												2		9
									6		1			
						9		6						
							5							
								4			8	1		
											2		7	

（本题答案见第73页）

77.

8	4	5	6	7	2	3	9	1						
7	2	1	3	9	8	4	6	5						
6	3	9	5	1	4	8	7	2						
1	8	3	4	5	7	6	2	9						
5	6	2	9	3	1	7	4	8						
4	9	7	2	8	6	1	5	3						
3	7	4	1	2	9	5	8	6	7	9	4	1	3	2
2	5	8	7	6	3	9	1	4	2	3	6	7	5	8
9	1	6	8	4	5	2	3	7	1	8	5	9	6	4
						4	2	9	6	5	8	3	7	1
						1	6	3	4	2	7	8	9	5
						7	5	8	3	1	9	4	2	6
						8	4	5	9	6	3	2	1	7
						3	7	2	5	4	1	6	8	9
						6	9	1	8	7	2	5	4	3

76.

				8	1									
4		2						5						
9					3									
2		3												
						7		4						
			6											5
6										3				2
			5	3						1	5			9
														1
						2				6				8
						4								
						3			8	5				
						1				4				
						6								7

（本题答案见第74页）

78.

2	6	4	1	8	3	9	5	7						
1	9	7	5	6	4	8	2	3						
8	5	3	2	9	7	1	6	4						
4	7	1	8	3	2	5	9	6						
3	8	9	6	1	5	4	7	2						
5	2	6	4	7	9	3	1	8						
6	1	5	3	2	8	7	4	9	2	1	6	5	8	3
7	4	8	9	5	6	2	3	1	8	7	5	4	9	6
9	3	2	7	4	1	6	8	5	3	9	4	7	2	1
						3	6	7	9	2	1	8	4	5
						9	5	8	4	6	7	1	3	2
						4	1	2	5	3	8	9	6	7
						1	7	4	6	8	3	2	5	9
						5	2	3	7	4	9	6	1	8
						8	9	6	1	5	2	3	7	4

77.

			6											
			3			4								
		9			4			2						
				5				9						
5								8						
4				8										
3			1						7					2
		8			3				2				5	
					5									4
									6				7	
							5				9			
						8								
							7				1		8	
						6					2	5		

（本题答案见第75页）

79.

1	6	7	3	8	4	2	5	9						
2	8	4	1	5	9	6	3	7						
5	9	3	2	6	7	8	1	4						
4	7	8	6	3	2	5	9	1						
3	2	1	5	9	8	4	7	6						
6	5	9	4	7	1	3	8	2						
8	1	6	9	4	3	7	2	5	3	9	1	4	8	6
7	4	2	8	1	5	9	6	3	2	8	4	1	7	5
9	3	5	7	2	6	1	4	8	7	5	6	2	3	9
						2	1	6	5	7	8	9	4	3
						4	5	9	6	1	3	8	2	7
						3	8	7	9	4	2	5	6	1
						8	7	4	1	6	9	3	5	2
						6	3	1	4	2	5	7	9	8
						5	9	2	8	3	7	6	1	4

78.

	6				3	9		7						
1				6										
				9				4						
								6						
	8		6		5		7							
5														
6				2									8	
				5						7		4		
9		2	7						3		4			1
												8		5
						4		2						
						1			6		3			
								3		4		6		
							9						7	

（本题答案见第76页）

80.

4	9	8	2	7	6	1	5	3						
7	1	6	3	8	5	4	9	2						
5	2	3	1	9	4	6	7	8						
3	5	9	6	1	8	7	2	4						
1	7	2	4	5	9	8	3	6						
8	6	4	7	3	2	5	1	9						
6	3	1	8	2	7	9	4	5	7	6	8	1	3	2
9	4	7	5	6	3	2	8	1	4	3	5	7	6	9
2	8	5	9	4	1	3	6	7	2	1	9	5	4	8
						4	1	3	5	8	7	2	9	6
						5	9	8	6	4	2	3	1	7
						6	7	2	1	9	3	4	8	5
						8	2	9	3	7	1	6	5	4
						1	5	4	8	2	6	9	7	3
						7	3	6	9	5	4	8	2	1

79.

	6	7		8										
							3	7						
		3		6										
4						5		1						
			5		8									
6		9						2						
				4							1			
7	4													5
				2					7		6			9
								6		7				
						4								7
										4		5		
						8			1		9			
						6						7		
									8					

（本题答案见第77页）

81.

9	2	7	1	4	5	6	8	3						
3	8	1	9	2	6	5	4	7						
5	4	6	8	7	3	1	9	2						
8	7	2	3	6	9	4	1	5						
1	3	4	7	5	8	9	2	6						
6	9	5	2	1	4	7	3	8						
4	1	8	6	3	7	2	5	9	8	6	3	7	1	4
2	6	3	5	9	1	8	7	4	9	5	1	2	6	3
7	5	9	4	8	2	3	6	1	2	7	4	8	9	5
						9	2	6	5	3	7	1	4	8
						7	3	5	4	1	8	6	2	9
						4	1	8	6	2	9	5	3	7
						6	8	2	3	9	5	4	7	1
						5	9	7	1	4	6	3	8	2
						1	4	3	7	8	2	9	5	6

80.

		8			6									
					5			2						
	2		1				7							
		9		1										
	7						3							
				3		5								
	3				7						8			2
9			5							3		7		
			9										4	
						4	1			8				
							9						1	
										9			8	5
							2							
								4		2				
						7			9					1

（本题答案见第78页）

82.

5	7	4	6	1	8	9	3	2						
3	9	8	5	2	7	4	6	1						
6	1	2	4	3	9	5	7	8						
7	4	3	2	8	5	1	9	6						
2	5	9	1	4	6	7	8	3						
1	8	6	7	9	3	2	4	5						
4	2	7	3	6	1	8	5	9	2	7	1	3	4	6
9	3	5	8	7	2	6	1	4	3	5	8	7	9	2
8	6	1	9	5	4	3	2	7	9	6	4	8	1	5
						5	6	3	4	8	7	9	2	1
						9	7	1	5	3	2	6	8	4
						4	8	2	1	9	6	5	3	7
						1	9	5	7	4	3	2	6	8
						7	4	6	8	2	9	1	5	3
						2	3	8	6	1	5	4	7	9

81.

	2						8							
		1			6	5		7						
	4		8											
				6			1							
	3						2							
	9			1										
					7								1	
2		3	5										6	
	5								2	7				
								6			7			
						7	3			1			2	9
									6			5		
										9	5	4		
							9							2
							4							

（本题答案见第79页）

83.

5	4	9	2	7	1	3	6	8						
3	6	7	4	8	9	2	1	5						
8	1	2	5	6	3	7	4	9						
4	5	6	7	1	2	9	8	3						
1	2	3	9	4	8	5	7	6						
9	7	8	3	5	6	4	2	1						
6	3	5	1	2	7	8	9	4	7	1	5	3	2	6
7	9	1	8	3	4	6	5	2	8	3	4	7	1	9
2	8	4	6	9	5	1	3	7	9	2	6	5	4	8
						9	2	6	3	5	7	4	8	1
						5	4	1	2	9	8	6	3	7
						3	7	8	4	6	1	9	5	2
						4	1	3	6	8	9	2	7	5
						7	8	9	5	4	2	1	6	3
						2	6	5	1	7	3	8	9	4

82.

	7							2						
			5		7			1						
					9									
		3	2			1	9							
	8	6			3	2								
			3											
9			8		2					5		7		
8											4			5
							6	3		8				
							7						8	
										9		5	3	
						1			7				6	
								6		2				3
												4		

（本题答案见第80页）

84.

4	3	9	6	2	7	5	1	8						
7	5	8	9	4	1	2	3	6						
1	2	6	3	8	5	9	7	4						
8	1	2	7	6	4	3	9	5						
5	9	3	2	1	8	6	4	7						
6	7	4	5	9	3	1	8	2						
9	4	7	1	5	2	8	6	3	4	2	9	7	5	1
3	6	5	8	7	9	4	2	1	7	5	6	8	9	3
2	8	1	4	3	6	7	5	9	8	3	1	4	6	2
						5	9	6	2	4	7	3	1	8
						2	3	8	6	1	5	9	4	7
						1	4	7	9	8	3	5	2	6
						9	8	2	1	7	4	6	3	5
						3	7	4	5	6	2	1	8	9
						6	1	5	3	9	8	2	7	4

83.

					1	3		8						
					9			5						
	1			6										
	5				2			3						
9			3				2							
				2					7		5			
7			8											9
2		4	6						9					8
										5			8	
							4						3	
							7			6				
						4					9			
						7						1		
									1		3			

（本题答案见第81页）

85.

9	3	6	4	1	7	5	2	8						
8	4	5	9	6	2	3	1	7						
2	7	1	8	5	3	4	6	9						
7	9	3	5	2	6	1	8	4						
4	6	8	1	3	9	7	5	2						
1	5	2	7	4	8	6	9	3						
3	8	9	6	7	1	2	4	5	6	8	7	3	1	9
6	2	4	3	9	5	8	7	1	9	3	4	6	2	5
5	1	7	2	8	4	9	3	6	5	2	1	8	4	7
						4	2	8	7	5	3	9	6	1
						7	6	9	4	1	8	2	5	3
						1	5	3	2	6	9	4	7	8
						5	9	4	8	7	6	1	3	2
						3	8	7	1	4	2	5	9	6
						6	1	2	3	9	5	7	8	4

84.

		9				5								
					1									
			3		5		7	4						
				6		3								
5								7						
		4		9										
9	4		1		2									
			8						7	5				3
		1							8					2
								6		4				
						2	3						4	7
										8		5		
						9					4			
						3				6	2		8	
													7	

（本题答案见第82页）

86.

9	4	1	6	7	2	3	8	5						
6	7	2	3	8	5	4	1	9						
8	3	5	4	9	1	7	6	2						
7	5	6	8	1	4	2	9	3						
2	9	3	7	5	6	8	4	1						
1	8	4	9	2	3	5	7	6						
4	6	9	5	3	8	1	2	7	9	3	5	8	4	6
5	2	8	1	6	7	9	3	4	2	8	6	7	1	5
3	1	7	2	4	9	6	5	8	7	4	1	9	2	3
						4	6	3	5	1	7	2	9	8
						7	1	9	6	2	8	3	5	4
						5	8	2	3	9	4	1	6	7
						2	9	5	4	7	3	6	8	1
						3	4	1	8	6	9	5	7	2
						8	7	6	1	5	2	4	3	9

85.

	3		4											
8		5		6				7						
			8				6							
7								4						
1								3						
	8				1				6					
6				9						3			2	5
					4									
						4					3			
							6						5	
									2					8
												1		2
						3	8			4				
											5	7		

（本题答案见第83页）

87.

4	8	3	7	1	2	6	9	5						
2	6	5	4	9	3	1	8	7						
9	1	7	8	5	6	3	2	4						
3	5	1	2	4	9	8	7	6						
6	4	8	3	7	1	9	5	2						
7	9	2	6	8	5	4	3	1						
1	3	4	9	2	7	5	6	8	9	4	7	3	1	2
8	2	6	5	3	4	7	1	9	3	2	5	8	4	6
5	7	9	1	6	8	2	4	3	1	8	6	9	7	5
						6	5	7	2	1	8	4	9	3
						3	2	4	5	7	9	1	6	8
						8	9	1	6	3	4	5	2	7
						4	7	5	8	9	2	6	3	1
						9	3	6	7	5	1	2	8	4
						1	8	2	4	6	3	7	5	9

86.

	4					3								
						4	1							
		5		9										
7								3						
		3	7		6	8								
1								6						
				3					9			8		
	2	8									6			
		7								4				3
						4	6						9	
							8						6	7
						2				7				
									8			5		
								6			2	4		

（本题答案见第84页）

88.

1	5	8	2	6	7	9	4	3						
6	9	3	4	8	1	7	2	5						
7	4	2	9	5	3	8	6	1						
8	6	7	5	3	4	2	1	9						
4	3	9	1	7	2	6	5	8						
5	2	1	6	9	8	3	7	4						
3	8	5	7	1	6	4	9	2	8	1	7	5	3	6
2	1	6	8	4	9	5	3	7	4	6	2	9	8	1
9	7	4	3	2	5	1	8	6	9	3	5	7	4	2
						3	7	4	1	5	9	6	2	8
						2	5	9	6	4	8	1	7	3
						6	1	8	2	7	3	4	5	9
						9	4	3	7	8	1	2	6	5
						7	2	5	3	9	6	8	1	4
						8	6	1	5	2	4	3	9	7

87.

			7											
2						1								
9			8	5		3								
3								6						
			3	7	1									
7								1						
		4		2	7							3	1	
		6							3		5			
					8						6			
							5	7		1			9	
							9			3		5	2	
									8					
									7		1			4
							8	2					5	

（本题答案见第85页）

89.

7	5	8	4	2	6	1	3	9						
3	2	4	5	1	8	7	5	6						
1	6	9	9	3	7	2	8	4						
5	7	6	8	9	1	4	2	3						
8	4	3	7	6	2	5	9	1						
2	9	1	3	5	4	6	7	8						
9	1	7	6	8	5	3	4	2	8	6	1	9	7	5
6	8	5	2	4	3	9	1	7	4	3	5	6	2	8
4	3	2	1	7	9	8	6	5	7	2	9	4	3	1
						1	3	4	5	8	6	2	9	7
						2	5	9	1	7	3	8	4	6
						6	7	8	9	4	2	1	5	3
						4	2	3	6	5	8	7	1	9
						7	8	1	3	9	4	5	6	2
						5	9	6	2	1	7	3	8	4

88.

		8												
				8		7		5						
	4		9											
						2		9						
		9	1		2	6								
5		1												
					6				8	1		5		
2		6		4						6			8	
								4			9	6		
							5						7	
								8	2			4		
							2			9				
								1		2	4			

（本题答案见第86页）

90.

6	9	2	5	4	1	7	8	3						
8	4	5	3	9	7	6	2	1						
3	7	1	6	2	8	9	4	5						
1	2	9	4	6	5	8	3	7						
7	3	4	1	8	9	5	6	2						
5	8	6	7	3	2	1	9	4						
9	5	8	2	7	4	3	1	6	7	5	9	4	8	2
4	1	3	9	5	6	2	7	8	4	6	3	9	5	1
2	6	7	8	1	3	4	5	9	8	2	1	3	6	7
						9	3	2	5	7	4	6	1	8
						5	6	4	3	1	8	2	7	9
						7	8	1	6	9	2	5	3	4
						1	4	7	9	3	6	8	2	5
						6	9	5	2	8	7	1	4	3
						8	2	3	1	4	5	7	9	6

89.

			4				3							
3						7								
	6				7		8							
		6		9										
8								1						
				5		6								
	1		6											
		5								3		6		
	3				9				7			4		
						1			5					
						2	5			7			4	6
											2			3
								3			8			9
								1		9				2

（本题答案见第87页）

91.

7	6	4	9	2	1	8	5	3						
3	5	1	8	4	6	9	7	2						
8	9	2	7	3	5	6	4	1						
1	7	5	4	9	8	2	3	6						
4	8	3	2	6	7	1	9	5						
9	2	6	1	5	3	4	8	7						
5	4	7	6	8	2	3	1	9	6	5	2	4	7	8
6	3	9	5	1	4	7	2	8	4	3	1	6	5	9
2	1	8	3	7	9	5	6	4	9	8	7	2	1	3
						6	9	1	8	4	3	5	2	7
						4	3	5	2	7	9	1	8	6
						8	7	2	1	6	5	3	9	4
						2	8	6	7	1	4	9	3	5
						1	4	3	5	9	8	7	6	2
						9	5	7	3	2	6	8	4	1

90.

6						7								
			3	9				1						
							4							
	2			6			3	7						
			1		9									
5	8			3			9							
	5											4	8	
4				5	6				4			9		
		7							8					
										7			1	
							6						7	
							8			9				
											6		2	5
								5			7			3
							2	3						

（本题答案见第88页）

92.

8	6	3	1	2	4	7	9	5						
1	7	4	3	5	9	8	2	6						
2	9	5	6	7	8	1	4	3						
7	5	8	9	6	3	2	1	4						
9	1	6	5	4	2	3	7	8						
3	4	2	7	8	1	5	6	9						
4	2	9	8	3	7	6	5	1	7	8	3	2	4	9
5	8	1	2	9	6	4	3	7	2	9	6	8	5	1
6	3	7	4	1	5	9	8	2	5	4	1	7	3	6
						3	6	5	4	7	2	9	1	8
						7	4	8	6	1	9	5	2	3
						2	1	9	3	5	8	6	7	4
						5	2	6	8	3	4	1	9	7
						1	7	4	9	6	5	3	8	2
						8	9	3	1	2	7	4	6	5

91.

		1			6	9		2						
8			7	3			4							
	7		4											
		3				1								
					3		8							
	4			8	2									
6		9	5						4		1			9
											7		1	
								1		4				7
							3						8	
						8				6		3		
							8		7					
						1			5		8			
													4	

（本题答案见第89页）

93.

9	1	2	7	6	5	4	8	3						
8	7	4	9	3	2	1	6	5						
6	5	3	1	8	4	7	2	9						
3	4	6	5	7	8	2	9	1						
5	2	1	3	4	9	6	7	8						
7	8	9	2	1	6	3	5	4						
2	6	5	4	9	1	8	3	7	9	4	6	2	5	1
4	9	7	8	2	3	5	1	6	2	3	8	9	4	7
1	3	8	6	5	7	9	4	2	1	7	5	6	8	3
						4	6	3	5	9	2	1	7	8
						7	5	1	6	8	3	4	9	2
						2	9	8	4	1	7	5	3	6
						6	8	9	7	2	4	3	1	5
						1	7	5	3	6	9	8	2	4
						3	2	4	8	5	1	7	6	9

92.

			1											
1						8		6						
			6	7										
		8		6				4						
			5		2									
3				8		5								
				3	7							2		9
5		1								9	6			
					5								3	
									4					8
						7								3
						2					8			
							2					1		7
									9	6				
						8		3						

（本题答案见第90页）

94.

6	8	9	3	4	2	7	1	5						
7	4	5	8	1	6	3	9	2						
1	3	2	9	5	7	6	4	8						
8	5	1	4	7	3	9	2	6						
9	7	4	6	2	8	5	3	1						
3	2	6	5	9	1	8	7	4						
5	9	8	1	3	4	2	6	7	1	8	3	5	9	4
4	6	7	2	8	9	1	5	3	9	2	4	6	7	8
2	1	3	7	6	5	4	8	9	6	5	7	2	1	3
						9	2	1	4	7	5	8	3	6
						6	3	8	2	1	9	7	4	5
						5	7	4	8	3	6	1	2	9
						8	4	6	7	9	1	3	5	2
						7	9	5	3	6	2	4	8	1
						3	1	2	5	4	8	9	6	7

93.

9			7			4	8							
					2									
	5		1				2							
						2		1						
	2						7							
7		9												
	6				1					4				
			8						2					7
	3	8			7						5	6		
							6							
							5		6		3		9	
													3	
								9	7			3		5
						1					9			
										5				

（本题答案见第91页）

95.

2	6	7	8	1	3	4	5	9						
3	4	9	5	6	2	8	1	7						
5	1	8	7	4	9	3	6	2						
7	2	1	9	8	4	5	3	6						
9	5	6	2	3	1	7	8	4						
4	8	3	6	5	7	2	9	1						
6	7	2	3	9	5	1	4	8	5	7	9	2	3	6
1	9	5	4	2	8	6	7	3	4	2	8	1	5	9
8	3	4	1	7	6	9	2	5	1	6	3	8	7	4
						4	5	2	8	3	1	9	6	7
						3	8	9	6	4	7	5	1	2
						7	6	1	9	5	2	3	4	8
						8	1	7	3	9	4	6	2	5
						5	3	4	2	8	6	7	9	1
						2	9	6	7	1	5	4	8	3

94.

	8		3		2		1							
					6			2						
	3						4							
		1		7		9								
		6		9		8								
	9										3			
4			2						9					8
	1		7		5								1	3
								1		7		8		
						6			2		9			5
								4		3		1		
						8	4							
						7					2			
									5			9		

（本题答案见第92页）

96.

4	5	9	2	6	1	7	3	8						
1	3	6	7	8	9	4	2	5						
7	2	8	4	5	3	1	6	9						
9	1	3	6	2	4	5	8	7						
5	4	2	3	7	8	9	1	6						
6	8	7	9	1	5	3	4	2						
8	9	5	1	4	6	2	7	3	6	5	8	9	4	1
2	6	1	5	3	7	8	9	4	2	3	1	5	7	6
3	7	4	8	9	2	6	5	1	9	7	4	2	8	3
						5	6	2	7	8	9	3	1	4
						9	4	7	3	1	2	6	5	8
						3	1	8	5	4	6	7	9	2
						1	2	6	8	9	7	4	3	5
						7	8	5	4	2	3	1	6	9
						4	3	9	1	6	5	8	2	7

95.

2				1				9						
3			5	6										
		1					3							
	5		2		1		8							
	8					2								
										7			3	
				2	8							1		9
8				7					1					4
						4				3				7
						7				5				8
						8					4			5
						5		4						
							9			1			8	

（本题答案见第93页）

97.

7	2	8	1	9	6	3	5	4						
3	6	9	2	4	5	8	7	1						
5	4	1	7	8	3	9	6	2						
1	9	6	3	7	2	4	8	5						
4	8	7	9	5	1	6	2	3						
2	3	5	8	6	4	7	1	9						
9	5	3	6	1	8	2	4	7	9	8	3	6	1	5
8	1	2	4	3	7	5	9	6	7	1	2	4	8	3
6	7	4	5	2	9	1	3	8	6	4	5	9	7	2
						7	2	4	5	6	1	8	3	9
						6	5	9	8	3	7	2	4	1
						8	1	3	4	2	9	7	5	6
						4	7	2	3	5	6	1	9	8
						9	6	5	1	7	8	3	2	4
						3	8	1	2	9	4	5	6	7

96.

	5					7	3							
1				8	9									
				2		5	8							
5								6						
	8	7		1										
									6					1
			5	3						3				
	7	4								7			8	
						5			7					
								7		1		6		
											6			2
							2			9				
										2		1		
						4					5			

（本题答案见第94页）

98.

4	3	8	5	9	7	6	2	1						
6	7	1	8	2	4	5	3	9						
2	9	5	6	3	1	8	4	7						
3	8	2	7	1	6	9	5	4						
9	1	6	4	5	2	7	8	3						
7	5	4	3	8	9	1	6	2						
8	6	9	1	4	3	2	7	5	9	3	4	6	8	1
1	4	7	2	6	5	3	9	8	1	6	2	7	5	4
5	2	3	9	7	8	4	1	6	8	5	7	9	3	2
						9	5	4	3	2	6	8	1	7
						6	8	1	5	7	9	4	2	3
						7	2	3	4	1	8	5	9	6
						5	4	2	7	9	3	1	6	8
						1	3	7	6	8	5	2	4	9
						8	6	9	2	4	1	3	7	5

97.

					6		5							
3				4										
	4													
		6		7				5						
	8		9		1		2							
2				6		7								
												6		
				3							2		8	
	7		5									9		
						7	2				1	8		
									8		7			
								3	4				5	6
								2						
							6		1					4
								1						

（本题答案见第95页）

99.

1	9	5	3	4	8	2	7	6						
7	6	2	1	9	5	8	4	3						
8	3	4	2	6	7	5	9	1						
6	5	7	8	3	4	9	1	2						
2	1	8	6	5	9	4	3	7						
3	4	9	7	1	2	6	5	8						
4	2	3	5	8	1	7	6	9	5	4	1	8	2	3
5	7	1	9	2	6	3	8	4	2	7	9	6	5	1
9	8	6	4	7	3	1	2	5	8	3	6	4	9	7
						8	3	2	9	5	7	1	6	4
						9	5	6	3	1	4	2	7	8
						4	1	7	6	8	2	9	3	5
						6	4	8	7	2	5	3	1	9
						5	9	3	1	6	8	7	4	2
						2	7	1	4	9	3	5	8	6

98.

								1						
			8		4									
	9						4							
3					6			4						
		6		5		7								
7			3					2						
	6													
			2		5				1					
5										5				2
							5		3		6		1	
								1				4		
							2		4		8		9	
						5				9				
											5			
													7	

（本题答案见第96页）

100.

8	1	6	4	9	3	5	7	2						
5	9	4	7	2	8	3	6	1						
7	2	3	6	5	1	9	4	8						
2	5	7	1	6	4	8	9	3						
6	8	1	3	7	9	4	2	5						
3	4	9	5	8	2	7	1	6						
4	7	8	2	1	5	6	3	9	5	7	1	2	8	4
9	3	2	8	4	6	1	5	7	2	8	4	9	3	6
1	6	5	9	3	7	2	8	4	3	9	6	1	7	5
						4	2	6	9	1	7	8	5	3
						3	7	5	4	2	8	6	1	9
						9	1	8	6	5	3	7	4	2
						7	4	2	1	6	5	3	9	8
						8	9	3	7	4	2	5	6	1
						5	6	1	8	3	9	4	2	7

99.

		5		4				6						
			1	9			4							
						5								
			8				1							
2								7						
	4				2									
		3								4			2	
	7			2	6									1
9				7					8		6			
						8		2						
									3		4			
												9		5
									7		5		1	
						5								2
							7			9				

（本题答案见第97页）

101.

4	1	9	6	8	7	3	5	2						
6	5	3	1	2	4	8	9	7						
7	8	2	9	3	5	4	6	1						
2	9	4	8	7	3	5	1	6						
5	7	6	4	1	2	9	3	8						
1	3	8	5	6	9	7	2	4						
3	4	7	2	5	1	6	8	9	7	5	2	1	4	3
9	6	1	3	4	8	2	7	5	1	4	3	9	8	6
8	2	5	7	9	6	1	4	3	8	9	6	2	5	7
						5	3	1	2	6	7	8	9	4
						4	9	8	5	3	1	7	6	2
						7	6	2	4	8	9	3	1	5
						3	1	6	9	2	5	4	7	8
						8	5	7	3	1	4	6	2	9
						9	2	4	6	7	8	5	3	1

100.

			4	9		5								
						3		1						
7			6			9								
2														
	8						2							
								6						
		8			5							2		
9		2								8		9		
		5		3	7						6	1		
											7	8		3
						9		8	6					
								2	1					
								3		4			6	
								1						7

（本题答案见第98页）

102.

2	5	8	6	4	1	9	7	3						
6	7	1	3	9	2	4	5	8						
3	4	9	7	8	5	6	1	2						
7	8	4	5	2	6	1	3	9						
1	2	5	9	3	4	7	8	6						
9	3	6	1	7	8	5	2	4						
4	9	2	8	1	7	3	6	5	2	7	1	9	4	8
5	1	3	2	6	9	8	4	7	5	9	6	3	2	1
8	6	7	4	5	3	2	9	1	4	3	8	5	7	6
						1	5	6	7	2	3	4	8	9
						7	3	4	8	6	9	2	1	5
						9	8	2	1	4	5	7	6	3
						6	2	9	3	1	4	8	5	7
						5	7	3	6	8	2	1	9	4
						4	1	8	9	5	7	6	3	2

101.

					7									
	5				4			7						
2	9		8		3		1	6						
1	3		5		9		2	4						
									7					
9			3							4			8	
			7						8				5	
									2				9	
								8				7		
							6				9			
							1				5	4		
							5			1		6		
											8		3	

（本题答案见第99页）

103.

8	2	4	9	5	6	3	1	7						
1	7	9	3	2	8	6	5	4						
3	6	5	4	1	7	8	2	9						
5	3	2	6	7	9	1	4	8						
7	4	1	8	3	2	5	9	6						
9	8	6	5	4	1	2	7	3						
2	9	3	7	8	5	4	6	1	3	7	8	5	2	9
4	1	7	2	6	3	9	8	5	2	6	1	7	4	3
6	5	8	1	9	4	7	3	2	4	5	9	1	6	8
						5	7	6	9	4	2	3	8	1
						1	4	8	7	3	6	2	9	5
						2	9	3	8	1	5	4	7	6
						8	1	7	5	9	4	6	3	2
						3	5	9	6	2	7	8	1	4
						6	2	4	1	8	3	9	5	7

102.

	5				1			3						
6						4	5							
				8										
		4												
1	2			3			8	6						
						5								
				1									4	
	1	3							5		6			
8			4							3			7	
							5		7					
								4				2		
											5		6	
							2			1		8		7
									6		2		9	
							1							

（本题答案见第 100 页）

104.

3	5	9	6	8	1	4	7	2						
2	8	7	9	4	3	6	1	5						
4	1	6	7	2	5	3	9	8						
5	2	1	4	3	9	8	6	7						
8	9	4	1	7	6	5	2	3						
7	6	3	8	5	2	1	4	9						
1	3	5	2	6	7	9	8	4	7	3	1	6	5	2
9	4	2	3	1	8	7	5	6	2	9	8	1	3	4
6	7	8	5	9	4	2	3	1	6	5	4	7	9	8
						1	9	8	3	4	6	2	7	5
						6	2	5	9	1	7	4	8	3
						4	7	3	5	8	2	9	1	6
						5	1	7	4	2	3	8	6	9
						3	6	2	8	7	9	5	4	1
						8	4	9	1	6	5	3	2	7

103.

		9			8	6	5							
		5	4			8								
	3		6					8						
				3										
9					1		7							
		3			5					7			2	
	1	7	2								1			3
										5				
						5		6						
							4			3			9	
												4		6
										9				
						3			6					
							2			8			5	7

（本题答案见第101页）

105.

6	3	4	1	5	8	7	9	2						
8	2	9	3	7	4	1	6	5						
1	5	7	9	2	6	8	3	4						
9	4	1	8	3	5	6	2	7						
5	6	8	2	1	7	3	4	9						
3	7	2	4	6	9	5	1	8						
2	8	3	5	9	1	4	7	6	2	8	1	3	5	9
4	9	6	7	8	3	2	5	1	6	9	3	4	7	8
7	1	5	6	4	2	9	8	3	7	4	5	1	2	6
						8	4	5	9	1	7	6	3	2
						7	1	2	8	3	6	9	4	5
						6	3	9	4	5	2	8	1	7
						1	9	8	5	2	4	7	6	3
						3	2	7	1	6	9	5	8	4
						5	6	4	3	7	8	2	9	1

104.

			6		1									
			9											
4	1						9	8						
						8								
8								3						
		3												
1	3								7					
					8								3	
			5		4							7	9	8
												2		
							2			1			8	
								3						
						5	1	7						
							6						4	
											5	3	2	

（本题答案见第102页）

106.

3	9	4	6	1	8	5	2	7						
1	7	8	2	9	5	3	6	4						
6	2	5	3	7	4	8	9	1						
8	6	2	4	3	1	9	7	5						
5	4	7	8	2	9	6	1	3						
9	1	3	5	6	7	2	4	8						
2	8	9	7	4	3	1	5	6	4	7	9	3	8	2
7	5	1	9	8	6	4	3	2	1	8	5	6	7	9
4	3	6	1	5	2	7	8	9	3	6	2	4	5	1
						8	4	1	7	2	3	5	9	6
						2	9	7	8	5	6	1	3	4
						3	6	5	9	1	4	8	2	7
						5	7	8	6	9	1	2	4	3
						9	1	4	2	3	8	7	6	5
						6	2	3	5	4	7	9	1	8

105.

				5										
					4	1	6							
1	5		9											
	4				5		2							
		8				3								
	7		4				1							
					1					8		3		
	9	6	7											8
				4					7					
						8		5	9					
							1			3			4	
											2	8		7
											4		6	
						3						5		
								4		7			9	

（本题答案见第103页）

107.

6	1	5	7	3	8	9	2	4						
9	2	4	1	5	6	3	7	8						
8	7	3	4	2	9	1	5	6						
1	5	6	3	4	2	8	9	7						
7	9	2	8	1	5	4	6	3						
3	4	8	6	9	7	2	1	5						
4	6	9	2	7	3	5	8	1	3	9	2	4	6	7
2	3	7	5	8	1	6	4	9	7	5	8	1	3	2
5	8	1	9	6	4	7	3	2	4	6	1	9	8	5
						3	2	4	1	7	5	6	9	8
						1	6	7	9	8	4	2	5	3
						9	5	8	2	3	6	7	1	4
						8	9	6	5	2	7	3	4	1
						2	1	3	8	4	9	5	7	6
						4	7	5	6	1	3	8	2	9

106.

					8			7						
				9										
6		5				8	9							
	6		4		1									
		7				6								
			5		7		4							
	8	9								7		3		
				8					1		5			
4			1							6			5	
								1				5		
						2			8		6			4
								5				8		
							7			9				
									2		8			
								3		4				

（本题答案见第104页）

108.

8	4	7	2	5	6	9	3	1						
5	9	1	4	8	3	2	6	7						
3	2	6	1	7	9	8	5	4						
2	6	3	7	9	5	1	4	8						
7	5	4	8	2	1	3	9	6						
9	1	8	3	6	4	7	2	5						
1	3	9	6	4	7	5	8	2	4	1	9	3	6	7
6	7	2	5	3	8	4	1	9	3	7	6	5	8	2
4	8	5	9	1	2	6	7	3	5	8	2	9	1	4
						9	4	5	2	3	8	6	7	1
						7	6	1	9	4	5	2	3	8
						2	3	8	1	6	7	4	5	9
						8	9	4	7	5	3	1	2	6
						1	5	7	6	2	4	8	9	3
						3	2	6	8	9	1	7	4	5

107.

6			7			9								
		4				3								
	7				9									
				4				7						
	9		8		5		6							
3				9										
			2						3					
		7								5				2
		1			4				4		1		8	
								4				6		
						1								3
								8				7		
							9		5		7		4	
						2				4				
											3			

（本题答案见第105页）

109.

9	5	2	6	4	3	1	7	8						
4	3	1	8	7	9	6	2	5						
6	7	8	1	5	2	4	9	3						
3	8	6	4	1	7	9	5	2						
5	1	9	2	6	8	7	3	4						
7	2	4	3	9	5	8	6	1						
8	6	5	7	3	1	2	4	9	3	8	6	7	1	5
2	9	7	5	8	4	3	1	6	5	7	2	8	4	9
1	4	3	9	2	6	5	8	7	1	9	4	2	6	3
						1	9	8	4	3	7	6	5	2
						6	3	4	2	5	8	1	9	7
						7	5	2	6	1	9	4	3	8
						8	7	3	9	6	1	5	2	4
						4	6	5	7	2	3	9	8	1
						9	2	1	8	4	5	3	7	6

108.

		7												
			4			2								
				7	9			4						
	6				5									
		4				3								
			3				2							
1			6	4						1		3		
		2			8					7		5		
						9					8		7	
								1		4		2		
							3		1					9
														6
								7		2		8		
								6		9				

（本题答案见第106页）

110.

8	7	2	6	1	9	5	3	4						
5	6	4	2	8	3	7	1	9						
9	1	3	5	7	4	6	2	8						
1	8	7	4	5	6	2	9	3						
4	3	5	1	9	2	8	7	6						
2	9	6	8	3	7	1	4	5						
3	4	8	7	2	5	9	6	1	2	3	7	4	5	8
6	2	1	9	4	8	3	5	7	4	8	1	6	9	2
7	5	9	3	6	1	4	8	2	9	6	5	3	7	1
						7	4	8	1	2	6	5	3	9
						2	3	5	8	7	9	1	4	6
						6	1	9	5	4	3	2	8	7
						5	7	4	6	9	2	8	1	3
						8	2	3	7	1	4	9	6	5
						1	9	6	3	5	8	7	2	4

109.

	5		6		3	1	7							
4							2							
	8				7									
5								4						
			3				6							
													1	
	9											8		
	4	3	9		6					9	4	2		
							9					6		2
										5				
						7		2					3	
								3	9	6				
								5						1
							2							

（本题答案见第107页）

111.

9	7	8	5	3	4	6	2	1						
6	5	2	9	1	8	4	3	7						
4	3	1	2	7	6	9	5	8						
3	1	6	4	5	7	2	8	9						
5	9	4	8	2	1	3	7	6						
8	2	7	6	9	3	5	1	4						
7	6	3	1	4	2	8	9	5	4	7	3	6	1	2
2	4	5	7	8	9	1	6	3	8	9	2	5	7	4
1	8	9	3	6	5	7	4	2	1	5	6	8	3	9
						5	1	9	7	2	4	3	6	8
						6	3	4	9	1	8	7	2	5
						2	7	8	3	6	5	4	9	1
						4	2	6	5	3	1	9	8	7
						3	5	7	2	8	9	1	4	6
						9	8	1	6	4	7	2	5	3

110.

						5								
			2		3	7								
	1				4		2							
		7												
4				9				6						
						1								
	4		7											
		1	9		8							6		
		9								6	5			
							4						3	
						2			8		9			6
							1						8	
									6	9			1	
								3				9		
												7		

（本题答案见第108页）

112.

2	8	9	6	3	5	1	7	4						
6	4	5	1	2	7	9	3	8						
3	7	1	9	4	8	6	2	5						
8	5	7	3	1	9	4	6	2						
1	3	6	2	8	4	5	9	7						
9	2	4	5	7	6	8	1	3						
5	9	2	8	6	3	7	4	1	6	9	8	5	2	3
4	1	8	7	9	2	3	5	6	7	2	1	4	9	8
7	6	3	4	5	1	2	8	9	3	4	5	6	1	7
						9	7	5	2	8	4	1	3	6
						6	3	4	1	7	9	2	8	5
						1	2	8	5	3	6	9	7	4
						8	1	2	4	5	7	3	6	9
						5	6	7	9	1	3	8	4	2
						4	9	3	8	6	2	7	5	1

111.

9						6								
	5			1										
4				7				8						
3		6	4					9						
				2										
8					3	5		4						
7				4							3			2
				8					8				7	
		9												
								9	7					8
									9		8			
						2					5	4		
														7
							5				9			
						9			6					3

（本题答案见第109页）

113.

7	2	9	6	5	8	3	4	1						
6	3	8	1	4	2	9	7	5						
4	1	5	3	9	7	8	2	6						
2	5	1	8	3	9	4	6	7						
8	4	7	5	2	6	1	3	9						
3	9	6	4	7	1	5	8	2						
9	7	3	2	1	4	6	5	8	3	9	2	4	1	7
1	6	4	7	8	5	2	9	3	7	4	1	6	5	8
5	8	2	9	6	3	7	1	4	6	5	8	9	2	3
						5	2	9	1	8	6	7	3	4
						4	3	7	5	2	9	1	8	6
						8	6	1	4	3	7	5	9	2
						9	4	5	8	6	3	2	7	1
						3	7	2	9	1	4	8	6	5
						1	8	6	2	7	5	3	4	9

112.

			6				7							
6		5												
	7				8									
8		7						2						
			2		4									
9						8		3						
			8						6					
									7			4	9	
	6				1						5			
														6
							3		1		9		8	
						1								
									4			3	6	
							6	7			3			
											2			1

（本题答案见第110页）

114.

6	7	3	8	5	4	1	9	2						
8	5	4	2	1	9	6	7	3						
9	1	2	6	7	3	4	5	8						
3	4	8	5	2	6	7	1	9						
7	9	1	3	4	8	5	2	6						
5	2	6	1	9	7	8	3	4						
4	8	5	9	3	1	2	6	7	5	9	1	4	8	3
1	3	7	4	6	2	9	8	5	7	3	4	1	6	2
2	6	9	7	8	5	3	4	1	6	2	8	7	5	9
						1	7	4	9	6	5	3	2	8
						5	3	8	2	4	7	9	1	6
						6	2	9	1	8	3	5	4	7
						7	5	2	8	1	9	6	3	4
						4	9	6	3	5	2	8	7	1
						8	1	3	4	7	6	2	9	5

113.

				5		3								
			1					5						
					7									
2			8		9			7						
3			4		1			2						
			2							9		4		7
1					5						1		5	
		2		6										
						5					6			4
							3						8	
						8			4					2
												2		
							7		9					
						1		6		7		3		

（本题答案见第111页）

115.

9	4	6	7	8	1	2	5	3						
7	8	1	2	5	3	9	4	6						
2	5	3	9	4	6	7	8	1						
3	7	2	6	1	5	8	9	4						
4	1	5	3	9	8	6	2	7						
6	9	8	4	7	2	3	1	5						
5	2	9	1	3	7	4	6	8	7	2	9	5	1	3
8	3	4	5	6	9	1	7	2	4	5	3	9	6	8
1	6	7	8	2	4	5	3	9	8	6	1	7	2	4
						8	2	3	1	7	4	6	5	9
						6	9	4	5	8	2	3	7	1
						7	1	5	9	3	6	8	4	2
						3	4	1	6	9	5	2	8	7
						9	5	7	2	1	8	4	3	6
						2	8	6	3	4	7	1	9	5

114.

		3				1								
				1										
			6		3	4	5							
	4		5											
7	9						2	6						
					7		3							
	8	5	9		1				5		1		8	
				6										
		9									8			
							7		9		5		2	
						5								6
							2		1		3		4	
									8					
							1		4		6			

（本题答案见第112页）

116.

2	6	3	7	1	4	8	9	5						
9	4	7	8	6	5	2	1	3						
1	8	5	9	2	3	4	6	7						
8	2	9	1	5	6	7	3	4						
5	1	6	4	3	7	9	8	2						
3	7	4	2	9	8	1	5	6						
4	5	8	3	7	9	6	2	1	3	7	8	4	9	5
6	9	2	5	4	1	3	7	8	9	4	5	2	1	6
7	3	1	6	8	2	5	4	9	2	1	6	8	7	3
						8	6	3	1	5	2	7	4	9
						7	9	4	6	8	3	1	5	2
						1	5	2	4	9	7	3	6	8
						2	1	6	5	3	4	9	8	7
						4	3	7	8	6	9	5	2	1
						9	8	5	7	2	1	6	3	4

115.

9					1		5							
		3		4		7		1						
	7													
4		5				6		7						
							1							
5		9		3									1	
										5		9		8
	6		8											
						8				7		6		
							9		5		2		7	
								5		3				2
						9		7		1				
							8							5

（本题答案见第113页）

117.

7	3	4	8	1	5	2	9	6						
6	1	5	2	9	3	8	4	7						
8	9	2	7	4	6	3	5	1						
5	6	1	9	2	7	4	8	3						
4	7	3	6	5	8	1	2	9						
9	2	8	1	3	4	7	6	5						
3	5	9	9	8	1	8	7	2	8	4	5	3	9	1
1	8	6	5	7	2	9	3	4	7	1	6	2	8	5
2	4	7	3	6	4	5	1	6	9	3	2	7	4	6
						7	8	6	1	2	9	5	3	4
						1	4	9	5	7	3	6	2	8
						3	2	5	6	8	4	1	7	9
						4	6	3	2	5	8	9	1	7
						8	9	1	3	6	7	4	5	2
						2	5	7	4	9	1	8	6	3

116.

					4	8								
				6				3						
					3		6							
		9		5		7								
	1						8							
		4		9		1								
	5		3											5
6				4						4		2		
		1	6								6	8		
								3					4	
						7		4		8		1		2
							5					3		
								6	5					7
								7		6				
						9								

118.

9	5	7	3	1	2	6	8	4						
1	4	8	7	6	5	3	2	9						
2	6	3	9	4	8	7	1	5						
7	2	5	1	9	6	8	4	3						
8	1	6	4	5	3	2	9	7						
3	9	4	8	2	7	1	5	6						
4	7	1	2	3	9	5	6	8	9	7	2	4	1	3
6	8	2	5	7	4	9	3	1	8	5	4	2	7	6
5	3	9	6	8	1	4	7	2	3	6	1	9	5	8
						2	8	3	4	9	5	1	6	7
						1	4	6	2	8	7	5	3	9
						7	5	9	1	3	6	8	4	2
						3	1	4	6	2	9	7	8	5
						8	2	7	5	1	3	6	9	4
						6	9	5	7	4	8	3	2	1

（本题答案见第114页）

117.

		4					9							
		5				8		7						
8														
5								3						
			6		8									
9								5						
												3		1
1		6								1				
	4								9				4	
						7		6		2				
							4						2	
										8		1		9
							6				8			
										6				
						2		7						

（本题答案见第115页）

119.

1	4	3	6	8	5	2	7	9						
6	2	5	7	4	9	3	8	1						
9	7	8	2	3	1	6	4	5						
5	1	4	3	9	7	8	6	2						
8	6	7	4	1	2	5	9	3						
3	9	2	8	5	6	7	1	4						
7	5	1	9	2	8	4	3	6	2	5	8	9	7	1
2	3	6	1	7	4	9	5	8	1	7	3	2	6	4
4	8	9	5	6	3	1	2	7	6	9	4	5	3	8
						5	1	3	8	6	9	7	4	2
						8	7	2	4	3	5	1	9	6
						6	4	9	7	1	2	3	8	5
						3	9	4	5	8	1	6	2	7
						7	8	5	9	2	6	4	1	3
						2	6	1	3	4	7	8	5	9

118.

			3		2	6								
1				6		3								
7	2					8								
			4		3									
		4					5	6						
									9		2			
		2		7										6
		9	6		1								5	
								3				1		7
						7		9				8		
							1						8	
						8						6		
									7		8		2	

（本题答案见第116页）

120.

3	4	9	6	5	7	2	8	1						
6	8	5	4	2	1	9	7	3						
2	1	7	3	8	9	5	4	6						
7	5	8	1	3	6	4	9	2						
1	6	2	9	4	8	7	3	5						
9	3	4	2	7	5	1	6	8						
5	7	3	8	9	2	6	1	4	9	7	2	3	8	5
4	9	1	5	6	3	8	2	7	5	1	3	9	4	6
8	2	6	7	1	4	3	5	9	4	8	6	7	2	1
						1	4	6	7	2	9	5	3	8
						2	7	8	1	3	5	4	6	9
						5	9	3	6	4	8	1	7	2
						4	6	1	8	5	7	2	9	3
						7	8	2	3	9	1	6	5	4
						9	3	5	2	6	4	8	1	7

119.

		3		8										
				4			8							
9	7				1	6								
5		4												
	6			1			9							
						7		4						
		1	9								8			1
	3			7										
				6										
							1		8		9	7	4	
							4	9	7		2		8	
												6		
														3
						2			3				5	

（本题答案见第117页）

121.

4	3	8	9	5	7	2	6	1						
9	1	6	3	2	4	7	5	8						
5	7	2	1	8	6	3	9	4						
8	6	3	5	1	2	9	4	7						
1	2	5	4	7	9	8	3	6						
7	9	4	8	6	3	1	2	5						
3	8	9	7	4	5	6	1	2	8	7	4	5	9	3
2	4	7	6	9	1	5	8	3	2	9	6	7	1	4
6	5	1	2	3	8	4	7	9	5	1	3	8	2	6
						9	6	1	3	5	8	2	4	7
						3	5	7	9	4	2	1	6	8
						2	4	8	7	6	1	9	3	5
						7	3	6	1	2	5	4	8	9
						8	2	5	4	3	9	6	7	1
						1	9	4	6	8	7	3	5	2

120.

3				5										
		5				9								
				8				6						
			1		6		9							
	6	2				7	3							
	3		2		5									
5				9						7			8	
		1							5					6
				1										
						1		6			9			
										3				
									6			1		2
													9	
						7					1			
							3			6		8		

（本题答案见第118页）

122.

5	2	8	7	6	9	3	1	4						
4	1	9	3	2	5	8	7	6						
3	7	6	8	1	4	5	2	9						
8	3	2	4	7	6	1	9	5						
9	6	1	5	8	2	7	4	3						
7	4	5	9	3	1	2	6	8						
6	5	7	2	4	3	9	8	1	6	7	2	3	4	5
2	9	4	1	5	8	6	3	7	8	4	5	9	2	1
1	8	3	6	9	7	4	5	2	9	3	1	8	6	7
						2	4	8	1	5	9	6	7	3
						7	1	3	4	6	8	2	5	9
						5	9	6	3	2	7	4	1	8
						8	6	4	7	1	3	5	9	2
						3	7	5	2	9	4	1	8	6
						1	2	9	5	8	6	7	3	4

121.

4					7		6							
					4									
				8			9							
8	6													
1	2						3	6						
							2	5						
	8			4					8					
			6								6		1	
	5		2								3			
								1		5				
						3	5		9		2		6	8
										6		9		
									1					
							2		4					
											7		5	

（本题答案见第119页）

123.

8	7	6	4	2	5	1	9	3						
1	4	3	6	9	8	2	7	5						
5	2	9	1	7	3	4	6	8						
9	8	7	3	1	4	6	5	2						
3	1	2	9	5	6	7	8	4						
6	5	4	2	8	7	9	3	1						
2	3	8	7	6	1	5	4	9	6	3	2	1	7	8
4	6	1	5	3	9	8	2	7	5	1	4	9	3	6
7	9	5	8	4	2	3	1	6	9	7	8	2	5	4
						4	3	8	1	2	5	6	9	7
						9	7	5	8	4	6	3	2	1
						1	6	2	7	9	3	8	4	5
						2	5	1	4	8	9	7	6	3
						7	9	4	3	6	1	5	8	2
						6	8	3	2	5	7	4	1	9

122.

								4						
					5		7							
3		6	8				2							
	3		4					5						
				8										
7					1		6							
	5				3				6			3		
	9		1											
1									9	3				7
							4					6		3
								3				2		
						5		6					1	
						8				1	3			2
								9			6	7		

（本题答案见第120页）

124.

4	5	7	2	6	8	9	3	1						
2	1	6	9	5	3	4	8	7						
9	3	8	7	1	4	2	6	5						
8	2	3	6	4	5	7	1	9						
5	6	4	1	7	9	3	2	8						
7	9	1	3	8	2	6	5	4						
1	8	9	4	3	6	5	7	2	8	9	6	3	1	4
3	4	5	8	2	7	1	9	6	3	7	4	5	2	8
6	7	2	5	9	1	8	4	3	2	1	5	7	6	9
						2	8	9	1	4	3	6	5	7
						6	1	7	9	5	2	8	4	3
						3	5	4	6	8	7	1	9	2
						4	2	5	7	6	8	9	3	1
						7	6	1	4	3	9	2	8	5
						9	3	8	5	2	1	4	7	6

123.

						1		3						
			6		8									
	2						6							
		7				6								
3				5				4						
		4				9								
	3								6	3			7	
			5		9									6
7		5												
							3							
						9	7		8		6		2	1
													4	
						7								2
							8			5	7			

（本题答案见第121页）

125.

8	1	7	6	9	3	2	4	5						
9	6	4	2	7	5	8	3	1						
3	5	2	4	8	1	6	9	7						
1	9	6	5	3	4	7	8	2						
4	3	8	7	1	2	5	6	9						
2	7	5	8	6	9	4	1	3						
6	4	9	1	2	7	3	5	8	2	4	1	9	7	6
5	2	1	3	4	8	9	7	6	5	8	3	4	2	1
7	8	3	9	5	6	1	2	4	6	7	9	5	8	3
						5	8	3	4	6	7	1	9	2
						2	9	7	1	5	8	6	3	4
						4	6	1	9	3	2	7	5	8
						6	3	9	7	2	4	8	1	5
						7	4	2	8	1	5	3	6	9
						8	1	5	3	9	6	2	4	7

124.

	5				8		3							
2			9					7						
					4									
	2							9						
7							5							
			4						8		6			4
3					7									8
	7		5										6	
							8		1					
						6				5				3
											7		9	
							2							
						7						2		5
						9			5		1			

126.

4	7	2	1	6	3	8	9	5						
3	6	1	8	9	5	2	7	4						
9	5	8	2	4	7	3	6	1						
2	3	4	7	1	8	9	5	6						
6	1	7	9	5	2	4	8	3						
8	9	5	6	3	4	7	1	2						
5	2	9	3	8	1	6	4	7	3	2	8	9	5	1
7	4	6	5	2	9	1	3	8	5	9	7	2	6	4
1	8	3	4	7	6	5	2	9	1	4	6	8	7	3
						3	9	5	8	6	4	7	1	2
						7	8	1	2	5	3	6	4	9
						4	6	2	9	7	1	5	3	8
						9	5	3	7	1	2	4	8	6
						8	7	4	6	3	9	1	2	5
						2	1	6	4	8	5	3	9	7

（本题答案见第122页）

125.

				9			4							
		4	2				3							
						6								
	9	6												
	3						6							
						4	1							
		9												6
	2				8						3	4		
	8			5					6		9			
							8				7			
							9			5			3	
									9				5	
									7		4			
								2	8					
						8								7

（本题答案见第123页）

127.

6	3	8	2	5	1	4	7	9						
4	7	9	3	8	6	5	2	1						
1	2	5	9	7	4	3	8	6						
3	8	6	5	9	7	1	4	2						
2	4	7	1	3	8	9	6	5						
5	9	1	6	4	2	7	3	8						
9	6	4	7	2	5	8	1	3	5	9	2	4	6	7
7	5	2	8	1	3	6	9	4	8	7	1	2	3	5
8	1	3	4	6	9	2	5	7	6	3	4	1	9	8
						7	4	9	1	5	8	3	2	6
						3	8	6	2	4	7	5	1	9
						1	2	5	9	6	3	7	8	4
						9	7	2	3	8	5	6	4	1
						4	6	1	7	2	9	8	5	3
						5	3	8	4	1	6	9	7	2

126.

			1											
				9		2								
						3		1						
		4		1			5	6						
			9		2									
8	9			3		7								
5		9									8			
		6		2								2		4
					6				1		6			
								5		6				
									2		3			
										7		5		
									7		2			
						8		4						
									4				9	

（本题答案见第124页）

128.

4	7	9	5	3	8	1	2	6						
8	5	6	1	2	9	7	4	3						
3	1	2	4	6	7	5	9	8						
9	6	3	7	4	2	8	1	5						
1	4	7	9	8	5	3	6	2						
2	8	5	3	1	6	4	7	9						
6	3	1	2	5	4	9	8	7	2	5	1	6	3	4
5	9	8	6	7	1	2	3	4	6	8	9	1	5	7
7	2	4	8	9	3	6	5	1	3	4	7	9	8	2
						8	4	2	7	6	5	3	1	9
						3	1	6	9	2	8	7	4	5
						5	7	9	1	3	4	2	6	8
						1	9	8	4	7	3	5	2	6
						4	6	3	5	9	2	8	7	1
						7	2	5	8	1	6	4	9	3

127.

						4		9						
	7			8				1						
			9		4									
		6	5	9				2						
5				4	2	7								
			7		5				5					
7				1						7		2		
8		3							6		4		9	
							4	9				3		
								5				7	8	
							7		3		5		4	
								1		2				
											6			

（本题答案见第125页）

129.

8	6	7	2	3	4	9	5	1						
5	3	2	1	7	9	6	8	4						
1	9	4	6	8	5	2	7	3						
4	8	6	5	1	7	3	9	2						
2	1	3	4	9	8	7	6	5						
7	5	9	3	2	6	4	1	8						
9	7	5	8	4	2	1	3	6	9	7	4	2	8	5
3	4	8	7	6	1	5	2	9	1	8	6	3	7	4
6	2	1	9	5	3	8	4	7	5	3	2	9	6	1
						7	1	2	8	4	3	6	5	9
						9	5	3	6	1	7	8	4	2
						6	8	4	2	5	9	7	1	3
						4	6	8	3	2	1	5	9	7
						2	9	1	7	6	5	4	3	8
						3	7	5	4	9	8	1	2	6

128.

							2	6						
8			1		9									
3			4											
	6	3												
		7				3								
						4	7							
					4						1			4
			6		1					8				
7	2											9	8	
							4		7		5			
									1		4		6	
							9	8				5		6
										9				
						7			8					

（本题答案见第126页）

130.

1	8	7	3	2	6	4	5	9						
3	4	5	8	9	1	6	2	7						
2	9	6	7	4	5	3	8	1						
7	6	1	5	3	4	8	9	2						
5	3	4	9	8	2	7	1	6						
9	2	8	6	1	7	5	3	4						
6	1	3	2	7	8	9	4	5	1	6	2	7	8	3
4	5	9	1	6	3	2	7	8	4	5	3	9	6	1
8	7	2	4	5	9	1	6	3	8	7	9	4	2	5
						3	1	7	2	8	5	6	4	9
						6	5	9	7	1	4	2	3	8
						8	2	4	9	3	6	5	1	7
						5	9	2	3	4	1	8	7	6
						4	8	1	6	9	7	3	5	2
						7	3	6	5	2	8	1	9	4

129.

				3			5							
5	3		1			6								
				8										
	8					3								
			4		8									
		9					1							
				4								2	8	
		8			1				1		6			
	2			5										1
						7								9
								3		1		8		
						6								3
						4								
									7		5			
							7	5					2	

（本题答案见第127页）

131.

9	7	4	5	2	1	3	8	6						
3	8	6	9	7	4	5	2	1						
5	2	1	3	8	6	9	7	4						
2	3	8	6	1	7	4	5	9						
6	9	5	4	3	2	8	1	7						
4	1	7	8	5	9	6	3	2						
8	6	2	1	4	5	7	9	3	2	6	8	1	4	5
1	5	9	7	6	3	2	4	8	1	5	3	7	9	6
7	4	3	2	9	8	1	6	5	4	7	9	2	8	3
						3	2	4	8	9	7	6	5	1
						6	7	9	5	1	4	3	2	8
						8	5	1	3	2	6	4	7	9
						5	3	6	7	8	2	9	1	4
						9	8	2	6	4	1	5	3	7
						4	1	7	9	3	5	8	6	2

130.

1					6		5	9						
	4													
					5									
	6		5					2						
		4		8		7								
9					7		3							
			2						1		2		8	
												9		
8	7		4								9		2	
								7		8				9
									7		4			
						8				3		5		
							9		3					6
								1						
							3		5		8			

（本题答案见第128页）

132.

1	9	3	8	4	2	6	5	7						
5	2	7	9	6	1	8	3	4						
8	4	6	3	7	5	9	1	2						
9	6	5	7	3	8	2	4	1						
7	8	1	2	5	4	3	9	6						
2	3	4	6	1	9	5	7	8						
3	5	2	1	8	7	4	6	9	7	2	5	3	1	8
6	1	9	4	2	3	7	8	5	3	4	1	9	6	2
4	7	8	5	9	6	1	2	3	9	6	8	7	4	5
						8	9	1	6	3	2	5	7	4
						6	5	7	1	9	4	8	2	3
						2	3	4	8	5	7	6	9	1
						9	4	6	2	8	3	1	5	7
						5	1	8	4	7	9	2	3	6
						3	7	2	5	1	6	4	8	9

131.

9	7				1									
						5	2							
					6			4						
					7		5							
6								7						
	1		8											
8			1						2				4	
	5	9								5	3			
			2										8	
												6	5	
						6								8
							5	1						
							3					9		
									6	4				
							1				5			

（本题答案见第 129 页）

133.

8	5	9	4	6	7	3	2	1						
7	4	2	9	3	1	5	8	6						
6	1	3	8	2	5	9	7	4						
5	9	8	2	1	6	4	3	7						
4	2	6	3	7	8	1	5	9						
3	7	1	5	4	9	2	6	8						
1	8	4	7	5	2	6	9	3	4	5	2	8	1	7
9	3	5	6	8	4	7	1	2	8	9	6	3	4	5
2	6	7	1	9	3	8	4	5	3	1	7	6	9	2
						3	8	9	7	4	5	1	2	6
						2	5	1	6	3	9	4	7	8
						4	7	6	2	8	1	9	5	3
						5	6	4	9	7	8	2	3	1
						9	2	7	1	6	3	5	8	4
						1	3	8	5	2	4	7	6	9

132.

	9													
		7			1									
			3				1	2						
	6	5						1						
			2		4									
2						5	7							
3	5				7								1	
			4						3		1		6	
														5
						8			6					4
								7		9		8		
						2					7			1
						9								
							1		4		9			
							7						8	

（本题答案见第130页）

134.

2	9	5	4	3	1	8	6	7						
4	7	1	8	2	6	5	9	3						
6	3	8	5	9	7	4	2	1						
7	5	6	3	8	9	1	4	2						
9	1	4	6	5	2	7	3	8						
3	8	2	7	1	4	9	5	6						
5	2	3	9	7	8	6	1	4	2	7	9	3	5	8
1	6	7	2	4	5	3	8	9	5	4	6	2	7	1
8	4	9	1	6	3	2	7	5	8	3	1	9	6	4
						5	4	7	9	8	3	1	2	6
						1	3	6	7	2	5	4	8	9
						9	2	8	6	1	4	5	3	7
						8	9	1	3	6	2	7	4	5
						7	5	3	4	9	8	6	1	2
						4	6	2	1	5	7	8	9	3

133.

							2							
				3		5								
	1			2				4						
				1				7						
4		6				1		9						
3				4										
1				5								8		7
		5		8						9				5
	6								3					
													2	6
						2				3				8
						4	7							
											8			
						9				6				
						1		8					6	

（本题答案见第131页）

135.

2	8	3	5	6	4	9	7	1						
5	6	9	1	3	7	4	8	2						
4	7	1	2	8	9	3	5	6						
8	4	7	3	5	6	1	2	9						
3	5	6	9	2	1	7	4	8						
9	1	2	7	4	8	5	6	3						
7	3	8	4	1	2	6	9	5	3	1	2	8	4	7
6	9	5	8	7	3	2	1	4	8	6	7	5	9	3
1	2	4	6	9	5	8	3	7	4	9	5	6	2	1
						4	8	2	9	7	3	1	6	5
						1	7	9	5	2	6	4	3	8
						3	5	6	1	4	8	9	7	2
						9	2	8	7	5	4	3	1	6
						7	4	3	6	8	1	2	5	9
						5	6	1	2	3	9	7	8	4

134.

	9													
	7	1	8	2										
								1						
7			3					2						
				5										
3					4			6						
5										7			5	
				4	5						6			1
										3				
										8				6
						1			7		5			9
						9				1				
										6				
						7			4					
							6			5				3

（本题答案见第132页）

136.

6	2	4	1	8	3	9	7	5						
7	3	9	6	4	5	1	8	2						
5	1	8	9	7	2	3	4	6						
8	7	3	5	6	4	2	1	9						
2	5	1	3	9	8	4	6	7						
4	9	6	7	2	1	5	3	8						
3	4	2	8	5	6	7	9	1	8	2	3	4	6	5
9	6	5	4	1	7	8	2	3	4	5	6	7	9	1
1	8	7	2	3	9	6	5	4	7	9	1	3	2	8
						3	8	7	1	4	9	6	5	2
						5	6	2	3	8	7	1	4	9
						1	4	9	2	6	5	8	7	3
						9	3	8	5	7	4	2	1	6
						2	7	5	6	1	8	9	3	4
						4	1	6	9	3	2	5	8	7

135.

2		3						1						
			1			4	8							
	7			8										
		7			6									
	5						4							
			7			5								
				1					3					
	9	5			3					6		5		3
1													2	
								2				1		5
									5		6			
						3		6				9		
							2						1	
						7		3		8				
											9		8	

（本题答案见第133页）

137.

4	7	5	9	3	2	8	1	6						
9	8	1	6	5	4	7	2	3						
6	2	3	1	8	7	4	9	5						
1	3	6	2	4	8	5	7	9						
7	5	8	3	1	9	6	4	2						
2	4	9	5	7	6	3	8	1						
5	6	7	4	2	1	9	3	8	4	6	7	1	5	2
8	9	2	7	6	3	1	5	4	2	9	3	7	6	8
3	1	4	8	9	5	2	6	7	1	5	8	4	9	3
						7	9	3	6	8	4	2	1	5
						4	2	5	9	7	1	8	3	6
						8	1	6	5	3	2	9	7	4
						5	7	1	8	2	6	3	4	9
						6	4	2	3	1	9	5	8	7
						3	8	9	7	4	5	6	2	1

136.

					3									
7				4		1								
			9				4							
		3						9						
	5						6							
4						5								
	4				6					2		4		
		5		1					4	5		7		1
			2											
						3					9		5	
							4		2					3
														6
						2		5		1	8			
								6		3				

（本题答案见第134页）

138.

3	2	8	9	4	6	5	7	1						
7	1	6	8	5	2	3	4	9						
9	4	5	7	1	3	6	2	8						
6	8	9	2	3	4	7	1	5						
5	7	1	6	9	8	2	3	4						
4	3	2	5	7	1	8	9	6						
8	9	3	1	6	7	4	5	2	3	8	6	9	1	7
1	6	7	4	2	5	9	8	3	1	5	7	2	4	6
2	5	4	3	8	9	1	6	7	9	2	4	8	5	3
						5	7	6	2	4	9	1	3	8
						3	1	4	7	6	8	5	2	9
						8	2	9	5	3	1	7	6	4
						7	4	1	6	9	5	3	8	2
						6	3	5	8	7	2	4	9	1
						2	9	8	4	1	3	6	7	5

137.

4				3	2									
9					4									
							9							
		6	2				7							
7								2						
	4				6	3								
	6													2
			7						2					
			8	9						5		4		3
							9					2		
										7				
								6					7	
						5		1		2				
											9		8	
						3								

（本题答案见第135页）

139.

4	9	2	8	1	6	7	3	5						
6	1	5	7	3	2	8	9	4						
7	8	3	4	9	5	2	1	6						
9	5	7	2	8	1	6	4	3						
1	2	6	5	4	3	9	8	7						
8	3	4	6	7	9	1	5	2						
5	7	8	1	2	4	3	6	9	4	7	5	2	1	8
2	6	9	3	5	8	4	7	1	2	6	8	3	5	9
3	4	1	9	6	7	5	2	8	1	9	3	4	6	7
						1	4	7	9	2	6	8	3	5
						2	8	3	5	1	7	6	9	4
						9	5	6	3	8	4	1	7	2
						6	3	2	7	4	9	5	8	1
						8	9	4	6	5	1	7	2	3
						7	1	5	8	3	2	9	4	6

138.

			9					1						
			8				4							
	4					6								
			2			7		5						
	7						3							
4		2			1									
		3												7
	6				5							2		
2					9				9	2		8		
						5						1		
						3								9
								9						4
								1		9	5			
								5						
						2							7	5

（本题答案见第136页）

140.

8	2	4	7	6	1	3	5	9						
3	1	7	2	9	5	6	4	8						
6	9	5	3	8	4	2	7	1						
5	7	3	9	1	6	4	8	2						
9	4	2	8	3	7	5	1	6						
1	6	8	5	4	2	9	3	7						
4	5	1	6	2	8	7	9	3	2	4	8	1	6	5
2	8	9	4	7	3	1	6	5	9	3	7	4	2	8
7	3	6	1	5	9	8	2	4	5	6	1	9	3	7
						9	3	7	4	5	6	8	1	2
						2	1	6	8	9	3	5	7	4
						4	5	8	7	1	2	6	9	3
						5	7	1	6	2	4	3	8	9
						6	4	2	3	8	9	7	5	1
						3	8	9	1	7	5	2	4	6

139.

			8				3							
				3	2		9							
								6						
9		7			1									
				4										
			6			1		2						
5										7	5		1	8
	6		3	5							8			
	4				7									
							4					8		
										1				
								6					7	
												5		
									6					3
						7	1		8	3				

141.

2	9	4	1	6	3	5	8	7						
5	6	7	4	2	8	1	9	3						
3	8	1	5	9	7	2	4	6						
8	2	9	3	7	6	4	5	1						
1	4	6	2	5	9	7	3	8						
7	3	5	8	1	4	9	6	2						
6	7	3	9	4	1	8	2	5	1	6	7	4	3	9
9	1	2	6	8	5	3	7	4	8	9	5	6	1	2
4	5	8	7	3	2	6	1	9	3	2	4	5	7	8
						9	5	8	6	7	3	2	4	1
						1	4	3	2	5	8	9	6	7
						2	6	7	9	4	1	8	5	3
						7	8	6	5	1	2	3	9	4
						5	3	1	4	8	9	7	2	6
						4	9	2	7	3	6	1	8	5

（本题答案见第137页）

140.

			7	6			5	9						
	1													
			3											
	7			1										
9	4						1	6						
				4			3							
					8									5
										3				8
7	3			5	9						1			
								7	4	5				2
						4				1	2	6		
									6				8	
						6				8			5	
						3								

（本题答案见第138页）

142.

3	4	6	7	8	5	9	1	2						
9	1	2	4	6	3	8	7	5						
5	7	8	2	1	9	4	6	3						
4	6	3	8	2	1	5	9	7						
7	9	1	5	4	6	2	3	8						
8	2	5	3	9	7	1	4	6						
2	3	9	1	7	8	6	5	4	8	9	7	3	2	1
1	8	7	6	5	4	3	2	9	5	6	1	8	7	4
6	5	4	9	3	2	7	8	1	4	2	3	9	5	6
						2	1	6	7	3	5	4	8	9
						9	7	3	2	8	4	1	6	5
						5	4	8	6	1	9	7	3	2
						8	9	2	3	4	6	5	1	7
						1	3	5	9	7	2	6	4	8
						4	6	7	1	5	8	2	9	3

141.

						5								
5						1								
3			5	9				6						
		9												
1		6				7		8						
						9								
6				4	1									
		2							8					2
		8								2		5	7	
											3	2		1
							4						6	
						2		7	9					
							8	6		1			9	
						5					9			

（本题答案见第139页）

143.

2	3	7	4	9	1	8	5	6						
9	5	6	3	8	2	7	4	1						
1	8	4	5	6	7	3	9	2						
3	7	2	6	4	5	1	8	9						
6	9	5	1	7	8	2	3	4						
8	4	1	2	3	9	6	7	5						
5	1	8	7	2	4	9	6	3	5	4	8	2	1	7
4	6	9	8	1	3	5	2	7	9	1	3	8	4	6
7	2	3	9	5	6	4	1	8	6	2	7	5	9	3
						2	7	6	4	8	9	1	3	5
						8	9	5	7	3	1	4	6	2
						1	3	4	2	6	5	7	8	9
						7	4	1	3	9	2	6	5	8
						3	8	2	1	5	6	9	7	4
						6	5	9	8	7	4	3	2	1

142.

				8				2						
	1			6				5						
					9									
	6	3		2				7						
			5		6									
8				9		1	4							
			1							9		3		
1				5					5		1			
6				3										6
							1						8	
						9								5
							4						3	
						8								7
									9		2	6		
								7		5			9	

（本题答案见第140页）

144.

9	7	1	8	2	5	6	4	3						
3	2	8	4	1	6	7	9	5						
5	4	6	9	3	7	8	2	1						
6	8	2	3	9	1	5	7	4						
7	3	5	6	4	2	9	1	8						
4	1	9	5	7	8	3	6	2						
8	9	7	2	5	4	1	3	6	4	5	2	8	9	7
1	6	4	7	8	3	2	5	9	8	7	6	4	3	1
2	5	3	1	6	9	4	8	7	1	3	9	2	5	6
						3	7	4	2	8	5	6	1	9
						5	6	2	9	1	7	3	8	4
						8	9	1	6	4	3	5	7	2
						7	4	8	5	6	1	9	2	3
						6	2	3	7	9	8	1	4	5
						9	1	5	3	2	4	7	6	8

143.

		7		9				6						
	5				2									
						3	9							
					5		8							
	9			7			3							
	4		2											
	1	8							5				1	
			8						9				4	
7				5										
							7			8			3	
									7		1			
							3			6			8	
							8				6		7	
							5				4		2	

（本题答案见第141页）

145.

1	8	6	4	5	3	9	7	2						
5	4	2	7	9	1	8	6	3						
7	3	9	6	8	2	4	5	1						
4	2	7	8	3	5	1	9	6						
8	6	1	2	7	9	5	3	4						
9	5	3	1	4	6	2	8	7						
2	1	8	5	6	7	3	4	9	2	8	5	6	1	7
6	9	5	3	1	4	7	2	8	3	1	6	9	4	5
3	7	4	9	2	8	6	1	5	7	4	9	3	2	8
						4	5	6	9	2	8	7	3	1
						2	9	3	6	7	1	5	8	4
						1	8	7	5	3	4	2	9	6
						5	6	4	1	9	3	8	7	2
						8	3	2	4	6	7	1	5	9
						9	7	1	8	5	2	4	6	3

144.

	7		8		5		4							
3			4				9							
				9		5		4						
			6		2									
4		9		7										
												8		
	6				3					7				
	5		1		9					3				6
						3	7	4	2					
										1				
											3	5	7	2
						7				6				3
										9			4	
								5						8

（本题答案见第142页）

146.

3	6	5	4	9	2	8	1	7						
8	4	7	5	1	3	9	6	2						
2	9	1	8	6	7	4	5	3						
1	3	6	7	8	4	5	2	9						
7	8	9	1	2	5	6	3	4						
5	2	4	9	3	6	1	7	8						
9	7	3	6	5	8	2	4	1	5	3	6	7	9	8
4	5	8	2	7	1	3	9	6	8	7	2	1	4	5
6	1	2	3	4	9	7	8	5	1	9	4	2	6	3
						9	3	8	7	6	5	4	1	2
						5	2	7	4	1	3	9	8	6
						1	6	4	9	2	8	3	5	7
						4	5	3	2	8	9	6	7	1
						8	7	2	6	4	1	5	3	9
						6	1	9	3	5	7	8	2	4

145.

1				5	3			2						
			7		1									
		9				4								
		7					9							
				7										
	5					2								
		8										6		
			3		4					1				
3			9	2							9		2	8
									9		8		3	
								3				5		
							8		5		4			
						5	6		1					
										6				
								1				4		3

（本题答案见第143页）

147.

9	8	2	3	5	7	1	6	4						
4	1	3	9	6	2	8	5	7						
6	7	5	4	8	1	3	2	9						
5	9	1	6	7	8	2	4	3						
3	4	8	2	9	5	6	7	1						
2	6	7	1	4	3	5	9	8						
7	2	6	8	1	9	4	3	5	2	8	9	1	6	7
1	3	9	5	2	4	7	8	6	1	5	4	9	3	2
8	5	4	7	3	6	9	1	2	3	6	7	4	5	8
						2	6	4	7	3	5	8	1	9
						8	9	3	4	1	2	5	7	6
						1	5	7	8	9	6	2	4	3
						5	7	9	6	4	8	3	2	1
						3	2	8	5	7	1	6	9	4
						6	4	1	9	2	3	7	8	5

146.

	6					8								
			5		3									
							5	3						
		6				5								
7				2				4						
		4				1								
9	7								5					8
			2		1								4	
		2							1					3
						9	3			6				
										2			5	7
						4					9			1
							7						3	
						6					7			

（本题答案见第144页）

148.

1	4	2	5	6	9	3	7	8						
6	9	8	7	3	1	2	5	4						
7	3	5	2	8	4	1	6	9						
4	7	6	8	9	3	5	1	2						
2	8	9	1	7	5	4	3	6						
5	1	3	6	4	2	9	8	7						
8	5	4	3	2	7	6	9	1	2	3	8	5	4	7
3	2	7	9	1	6	8	4	5	1	7	9	2	3	6
9	6	1	4	5	8	7	2	3	5	4	6	8	9	1
						1	5	6	7	2	3	4	8	9
						9	8	4	6	5	1	7	2	3
						2	3	7	9	8	4	6	1	5
						3	6	2	8	1	5	9	7	4
						5	1	8	4	9	7	3	6	2
						4	7	9	3	6	2	1	5	8

147.

	8						6							
	1		9		2									
						3		9						
5														
		8		9		6								
								8						
7		6								8				
			5		4				1					
	5										7			
							6			3		8		
								3	4		2	5		
								7		9			4	
									6				2	
											1	6		
										2				

（本题答案见第145页）

149.

5	7	4	3	9	1	8	2	6						
3	8	1	2	6	4	5	9	7						
6	2	9	7	8	5	3	4	1						
4	9	2	6	3	8	7	1	5						
7	5	3	1	4	9	2	6	8						
1	6	8	5	7	2	4	3	9						
9	3	7	8	2	6	1	5	4	6	8	2	3	9	7
8	1	6	4	5	3	9	7	2	4	3	5	1	8	6
2	4	5	9	1	7	6	8	3	9	7	1	2	5	4
						4	1	6	7	2	9	8	3	5
						7	2	9	8	5	3	6	4	1
						5	3	8	1	4	6	7	2	9
						2	4	1	5	6	8	9	7	3
						3	9	7	2	1	4	5	6	8
						8	6	5	3	9	7	4	1	2

148.

	4			6										
				3			5							
			2		4									
		6		9		5								
2								6						
		3		4		9								
			3		7									7
	2			1							9	2		
				5						4	6			1
						1								
							8						2	
														5
						3			8	1		9	7	
								8	4					
						4								

150.

9	8	7	5	3	6	2	1	4						
2	5	4	7	1	9	3	8	6						
6	3	1	2	8	4	5	7	9						
4	9	8	1	2	5	7	6	3						
1	2	3	4	6	7	8	9	5						
7	6	5	3	9	8	1	4	2						
3	4	9	8	7	2	6	5	1	3	2	9	8	7	4
5	7	2	6	4	1	9	3	8	7	4	5	2	6	1
8	1	6	9	5	3	4	2	7	1	6	8	3	9	5
						8	6	9	4	3	7	1	5	2
						2	1	5	9	8	6	4	3	7
						3	7	4	5	1	2	9	8	6
						7	8	2	6	9	1	5	4	3
						5	9	3	2	7	4	6	1	8
						1	4	6	8	5	3	7	2	9

（本题答案见第146页）

149.

		1				5								
			7	8	5			1						
4								5						
7			1		9			8						
1								9						
9			8	2	6				6					7
		6								3			8	
									9					
									7					
						7	2						4	1
											6			
											8			
							9			1				
						8					7			2

（本题答案见第147页）

151.

1	3	4	8	5	7	9	2	6						
8	5	9	6	2	4	7	3	1						
7	2	6	1	3	9	8	5	4						
3	4	5	7	9	1	2	6	8						
2	6	8	5	4	3	1	9	7						
9	1	7	2	6	8	5	4	3						
5	8	3	4	7	2	6	1	9	4	7	3	8	5	2
4	7	2	9	1	6	3	8	5	6	1	2	7	9	4
6	9	1	3	8	5	4	7	2	5	8	9	1	3	6
						8	5	3	7	9	4	2	6	1
						7	4	6	2	3	1	9	8	5
						9	2	1	8	6	5	3	4	7
						1	9	7	3	5	6	4	2	8
						2	6	8	9	4	7	5	1	3
						5	3	4	1	2	8	6	7	9

150.

						2		4						
			7		9									
	3						7							
	9	8	1			7								
		5			8	1	4							
	4										9			
			6		1					4	5	2		
8		6												
										3			5	
							1	5				4	3	
							7			1				
								3	2	7				
									8					9

（本题答案见第148页）

152.

3	5	1	9	2	7	4	8	6						
7	4	8	1	6	3	2	9	5						
9	6	2	5	4	8	1	3	7						
5	7	3	6	1	4	8	2	9						
6	1	9	8	7	2	5	4	3						
8	2	4	3	9	5	7	6	1						
1	3	5	2	8	6	9	7	4	3	1	2	8	6	5
4	8	6	7	5	9	3	1	2	8	6	5	4	9	7
2	9	7	4	3	1	6	5	8	4	7	9	3	1	2
						5	4	7	6	9	1	2	3	8
						2	3	6	5	4	8	1	7	9
						8	9	1	7	2	3	5	4	6
						4	8	9	1	5	6	7	2	3
						7	2	3	9	8	4	6	5	1
						1	6	5	2	3	7	9	8	4

151.

			6	2	4			1						
7							5	4						
						2								
	6		5		3		9							
		7												
5	8													
4			9	1	6					1	2	7		
									5				3	
								3						1
									2		1			
						9						3		
							9				6			
								8	9	4		5		

（本题答案见第149页）

153.

1	2	3	7	5	8	6	9	4						
9	4	5	6	2	3	8	1	7						
7	6	8	4	9	1	2	5	3						
3	8	4	2	7	5	1	6	9						
2	7	6	1	3	9	5	4	8						
5	1	9	8	4	6	7	3	2						
8	5	7	3	6	4	9	2	1	5	8	7	4	3	6
4	9	1	5	8	2	3	7	6	9	4	1	8	2	5
6	3	2	9	1	7	4	8	5	6	2	3	9	7	1
						6	4	8	2	7	5	1	9	3
						5	1	7	4	3	9	6	8	2
						2	3	9	8	1	6	5	4	7
						8	6	2	3	5	4	7	1	9
						7	5	4	1	9	2	3	6	8
						1	9	3	7	6	8	2	5	4

152.

			9											
				6		2		5						
							3							
5		3												
	1						4							
						7		1						
	3													5
4		6		5									9	
					1				4					2
								7			1		3	
									5		8			
							9		7			5		
						4					6			
							2					6		
						1								

（本题答案见第150页）

154.

6	8	2	4	7	1	3	9	5						
1	4	7	3	9	5	2	8	6						
3	9	5	8	2	6	1	7	4						
5	3	6	2	1	7	9	4	8						
8	7	4	5	3	9	6	1	2						
2	1	9	6	4	8	7	5	3						
7	5	3	1	6	4	8	2	9	7	1	3	5	4	6
9	2	8	7	5	3	4	6	1	5	9	8	2	7	3
4	6	1	9	8	2	5	3	7	6	4	2	9	8	1
						7	9	6	2	5	1	4	3	8
						1	4	2	8	3	7	6	9	5
						3	5	8	4	6	9	7	1	2
						6	7	5	3	8	4	1	2	9
						9	8	4	1	2	6	3	5	7
						2	1	3	9	7	5	8	6	4

153.

	2													
				2				7						
			4	9			5							
		4			5		6	9						
				3										
5	1		8			7								
	5			6	4					8				
4				8										5
												9		1
						6							9	
							1		4		9		8	
							3							7
						8		2				7		
						7								
										6				

（本题答案见第151页）

155.

3	4	1	5	9	7	6	8	2						
2	5	7	8	1	6	4	3	9						
8	9	6	4	3	2	7	1	5						
4	1	8	2	7	5	9	6	3						
9	7	2	3	6	8	5	4	1						
5	6	3	9	4	1	2	7	8						
7	3	9	1	2	4	8	5	6	2	1	9	7	4	3
6	2	5	7	8	3	1	9	4	6	3	7	2	8	5
1	8	4	6	5	9	3	2	7	4	5	8	1	6	9
						2	6	8	3	7	5	4	9	1
						9	3	1	8	4	6	5	2	7
						7	4	5	9	2	1	8	3	6
						5	8	2	7	9	3	6	1	4
						4	7	3	1	6	2	9	5	8
						6	1	9	5	8	4	3	7	2

154.

					1									
		7				2	8							
					6									
	3		2			9	4							
				3										
	1	9			8		5							
			1										4	
	2	8							5					
			9							4			8	
								6	2					8
							4						9	
						3					9	7		
							7			8				
											6	3		
							1							

（本题答案见第152页）

156.

7	2	4	9	5	6	1	3	8						
5	6	8	3	4	1	9	2	7						
9	1	3	8	7	2	6	4	5						
6	7	1	2	3	4	8	5	9						
8	4	5	6	9	7	3	1	2						
2	3	9	1	8	5	7	6	4						
1	8	7	5	2	3	4	9	6	1	7	5	2	8	3
4	5	6	7	1	9	2	8	3	9	4	6	1	5	7
3	9	2	4	6	8	5	7	1	8	2	3	6	4	9
						6	1	7	3	5	4	9	2	8
						3	2	8	6	1	9	4	7	5
						9	5	4	2	8	7	3	1	6
						8	4	9	7	3	2	5	6	1
						7	3	2	5	6	1	8	9	4
						1	6	5	4	9	8	7	3	2

155.

						6								
	5		8		6									
	9						1							
		8	2			9								
				6										
		3			1	2								
	3										9		4	
			7		3				6					5
		4												
						2					5			
							3						2	
									9					6
						4					2			
							1		5			3		2

157.

1	9	4	3	7	6	2	5	8						
7	2	6	5	8	1	9	3	4						
3	8	5	4	2	9	6	1	7						
4	3	8	9	6	7	5	2	1						
9	1	7	2	4	5	8	6	3						
5	6	2	1	3	8	7	4	9						
6	4	9	7	1	2	3	8	5	9	6	4	1	7	2
8	5	3	6	9	4	1	7	2	5	3	8	9	4	6
2	7	1	8	5	3	4	9	6	1	7	2	5	3	8
						5	4	3	6	2	1	8	9	7
						2	1	7	8	9	5	3	6	4
						8	6	9	7	4	3	2	1	5
						7	3	8	2	1	6	4	5	9
						6	2	1	4	5	9	7	8	3
						9	5	4	3	8	7	6	2	1

（本题答案见第153页）

156.

		4		5										
					1									
9				7										
	7				4		5							
		5				3								
	3		1				6							
				2					1			2		
			7							4			5	
				6										
											4			8
							2		6		9		7	
						9			2					
												5		
							3			6				
								5			8			

158.

2	5	4	3	8	1	7	9	6						
7	3	6	4	9	2	8	5	1						
1	8	9	7	5	6	3	4	2						
9	2	5	6	7	3	4	1	8						
6	7	8	9	1	4	5	2	3						
4	1	3	8	2	5	9	6	7						
8	6	2	5	4	7	1	3	9	8	6	2	7	4	5
3	4	7	1	6	9	2	8	5	7	1	4	9	6	3
5	9	1	2	3	8	6	7	4	9	3	5	8	1	2
						3	6	1	5	4	9	2	8	7
						8	9	7	6	2	3	1	5	4
						4	5	2	1	8	7	3	9	6
						5	2	3	4	9	1	6	7	8
						9	4	6	2	7	8	5	3	1
						7	1	8	3	5	6	4	2	9

（本题答案见第154页）

157.

		4		7		2								
					1									
		5						7						
4	3		9											
		7				8								
					8		4	9						
6									9					2
			6							3	8		4	
		1		5								5		
									6				9	
								7				3		
							6				3			
								8						
							2		4	5				
						9					7	6		

（本题答案见第155页）

159.

3	7	9	4	6	5	1	8	2						
8	4	5	1	7	2	9	3	6						
6	2	1	9	8	3	5	4	7						
9	3	7	6	5	4	8	2	1						
5	8	4	7	2	1	3	6	9						
1	6	2	8	3	9	4	7	5						
2	1	6	5	4	8	7	9	3	4	2	8	5	1	6
4	5	3	2	9	7	6	1	8	3	5	9	2	4	7
7	9	8	3	1	6	2	5	4	1	7	6	8	3	9
						5	7	9	8	4	3	6	2	1
						8	6	2	5	9	1	4	7	3
						4	3	1	7	6	2	9	5	8
						9	4	5	6	1	7	3	8	2
						3	2	7	9	8	5	1	6	4
						1	8	6	2	3	4	7	9	5

158.

						7		6						
			4		2									
	8						4							
		5				4								
6				1				3						
		3				9								
	6													5
			1		9				7		4			
5		1												
								1				2	8	
									6		3			
							5	2				3		
									2		8		3	
						7						4		

（本题答案见第156页）

160.

1	9	8	4	2	6	3	5	7						
4	7	2	3	5	8	1	9	6						
5	6	3	7	9	1	4	2	8						
6	8	7	5	1	3	9	4	2						
3	5	4	2	8	9	6	7	1						
9	2	1	6	7	4	8	3	5						
8	4	5	9	6	7	2	1	3	6	8	7	5	9	4
7	1	9	8	3	2	5	6	4	3	9	2	8	1	7
2	3	6	1	4	5	7	8	9	5	1	4	6	3	2
						9	2	1	4	5	6	3	7	8
						4	5	8	9	7	3	1	2	6
						3	7	6	8	2	1	9	4	5
						8	4	2	1	3	5	7	6	9
						6	3	5	7	4	9	2	8	1
						1	9	7	2	6	8	4	5	3

159.

						1		2						
	4		1											
6		1		8				7						
	3				4									
		4				3								
			8				7							
2				4										
					7					5				
7		8							1		6		3	
								9						1
							6		5		1		7	
						4						9		
							4		6		7		8	
										8		1		

161.

2	9	6	4	3	5	8	7	1						
4	7	8	2	9	1	3	5	6						
5	3	1	8	7	6	2	4	9						
1	6	3	5	2	8	4	9	7						
9	5	4	3	6	7	1	8	2						
7	8	2	9	1	4	5	6	3						
8	2	7	6	5	3	9	1	4	8	3	7	6	2	5
6	4	9	1	8	2	7	3	5	9	2	6	4	1	8
3	1	5	7	4	9	6	2	8	1	4	5	9	3	7
						4	6	1	5	8	2	3	7	9
						8	7	2	6	9	3	1	5	4
						5	9	3	7	1	4	2	8	6
						1	4	6	2	5	8	7	9	3
						2	8	7	3	6	9	5	4	1
						3	5	9	4	7	1	8	6	2

（本题答案见第157页）

160.

				2										
					8	1								
						4								
6				1										
3	5		2		9		7	1						
				7				5						
		5										5		4
		9	8						3		2			
				4									3	
									4			3		
										7				
								6			1			
							4						6	
									7		9		8	
						1		7						

（本题答案见第158页）

162.

1	9	5	4	6	2	7	8	3						
2	8	4	1	7	3	9	6	5						
7	6	3	5	9	8	1	2	4						
6	2	1	9	3	4	5	7	8						
5	3	8	7	2	1	4	9	6						
4	7	9	6	8	5	3	1	2						
3	1	7	8	4	6	2	5	9	7	1	4	8	6	3
8	5	2	3	1	9	6	4	7	8	3	5	1	2	9
9	4	6	2	5	7	8	3	1	9	2	6	5	7	4
						7	2	3	5	4	1	6	9	8
						5	8	6	2	7	9	3	4	1
						9	1	4	6	8	3	7	5	2
						1	6	8	4	5	2	9	3	7
						3	9	2	1	6	7	4	8	5
						4	7	5	3	9	8	2	1	6

161.

2	9						7							
4					1			6						
			8											
	6	3				4								
		2				5	6							
					3									5
6			1								6	4		
	1									4				7
								1	5				7	
										9				
							9				4	2		
						1				5				
								7	3			5	4	
						3								

（本题答案见第159页）

163.

1	2	6	7	9	8	3	4	5						
8	9	5	4	6	3	7	1	2						
3	4	7	5	1	2	6	9	8						
6	1	2	9	5	4	8	3	7						
9	5	4	3	8	7	1	2	6						
7	8	3	1	2	6	4	5	9						
4	6	9	2	7	1	5	8	3	4	9	1	2	7	6
5	3	8	6	4	9	2	7	1	3	6	5	4	8	9
2	7	1	8	3	5	9	6	4	2	8	7	1	3	5
						3	9	7	8	1	4	5	6	2
						4	5	8	9	2	6	3	1	7
						6	1	2	5	7	3	9	4	8
						1	2	9	7	4	8	6	5	3
						8	3	6	1	5	2	7	9	4
						7	4	5	6	3	9	8	2	1

162.

	9	5	4			7	8							
2														
					8		2	4						
						5								
	3			2			9							
		9												
3	1		8						7	1				
	4	6			7					2				
							2							
							8	6	2		9	3	4	
													5	
										5			3	
										9	8	2		

164.

1	7	6	3	5	2	8	9	4						
4	9	5	1	8	6	2	7	3						
2	8	3	7	4	9	6	1	5						
3	2	8	6	7	5	9	4	1						
9	1	7	4	2	3	5	6	8						
5	6	4	9	1	8	7	3	2						
6	5	1	2	3	7	4	8	9	7	3	2	5	1	6
7	3	2	8	9	4	1	5	6	8	4	9	3	2	7
8	4	9	5	6	1	3	2	7	6	5	1	9	8	4
						6	4	5	3	2	7	1	9	8
						9	7	1	4	8	5	6	3	2
						8	3	2	1	9	6	7	4	5
						2	6	3	9	7	4	8	5	1
						7	9	4	5	1	8	2	6	3
						5	1	8	2	6	3	4	7	9

（本题答案见第160页）

163.

						3		5						
8					3									
						6		8						
		2						7						
	5						2							
7						4								
4		9									1			6
			6											
2		1												5
						3			8				6	
							1				3			8
						1							5	
														4
						7			6				2	

（本题答案见第161页）

165.

3	4	7	6	8	1	5	9	2						
1	8	2	7	5	9	3	4	6						
9	5	6	3	4	2	8	1	7						
4	3	9	5	2	7	1	6	8						
2	7	5	8	1	6	9	3	4						
6	1	8	9	3	4	7	2	5						
7	9	3	4	6	8	2	5	1	3	7	4	9	6	8
8	6	1	2	9	5	4	7	3	9	6	8	1	5	2
5	2	4	1	7	3	6	8	9	1	2	5	4	7	3
						1	4	2	5	3	9	6	8	7
						7	3	5	6	8	1	2	9	4
						9	6	8	7	4	2	5	3	1
						8	1	6	4	9	3	7	2	5
						5	2	7	8	1	6	3	4	9
						3	9	4	2	5	7	8	1	6

164.

1					2									
			1					3						
			7					5						
			6					1						
9								8						
5					8									
6					7					3				
7					4									
			5						6		1	9		4
												1		8
						9				8				2
						8		2						
						2		3	9		4			
													6	
										6			7	

（本题答案见第162页）

166.

6	4	1	9	2	8	7	5	3						
7	8	3	5	6	1	2	4	9						
9	2	5	7	4	3	6	8	1						
3	6	2	1	9	5	8	7	4						
8	7	4	6	3	2	9	1	5						
1	5	9	8	7	4	3	6	2						
2	1	7	4	8	9	5	3	6	4	1	2	8	9	7
4	9	6	3	5	7	1	2	8	9	3	7	4	5	6
5	3	8	2	1	6	4	9	7	5	8	6	3	2	1
						8	7	2	1	5	4	9	6	3
						3	6	5	2	9	8	7	1	4
						9	1	4	6	7	3	2	8	5
						7	5	1	8	4	9	6	3	2
						6	8	3	7	2	5	1	4	9
						2	4	9	3	6	1	5	7	8

165.

	8		7		9		4							
9				4				7						
							6	8						
		5	8		6	9								
6	1													
7				6					3		4			
	6		2		5							1	5	
										2				
						1	4						8	7
										8				
						9	6						3	1
										9				
							2	7				3		9
									2		7			

（本题答案见第163页）

167.

1	9	5	2	6	7	3	8	4						
2	6	7	8	3	4	1	9	5						
4	3	8	1	9	5	7	6	2						
7	5	2	9	4	1	6	3	8						
6	8	3	5	7	2	9	4	1						
9	4	1	3	8	6	2	5	7						
8	1	9	4	2	3	5	7	6	2	3	1	8	9	4
3	2	6	7	5	8	4	1	9	6	8	5	7	2	3
5	7	4	6	1	9	8	2	3	4	9	7	5	6	1
						3	4	8	7	5	9	2	1	6
						7	9	1	3	6	2	4	5	8
						2	6	5	8	1	4	3	7	9
						6	8	7	1	2	3	9	4	5
						9	3	2	5	4	6	1	8	7
						1	5	4	9	7	8	6	3	2

166.

	4						5							
			7			6		1						
3		2		9										
	7			3			1							
				7		3		2						
2		7			9				4					
	3										6		2	1
										5		9	6	3
									2		8			
						9	1	4		7				
						7	5		8					
											1			

168.

1	6	4	3	9	5	2	7	8						
9	5	7	1	2	8	3	6	4						
2	3	8	4	7	6	9	1	5						
3	7	2	9	6	4	5	8	1						
4	1	5	8	3	7	6	2	9						
8	9	6	5	1	2	4	3	7						
5	4	1	6	8	3	7	9	2	6	5	4	8	1	3
6	2	9	7	5	1	8	4	3	2	1	7	6	9	5
7	8	3	2	4	9	1	5	6	8	9	3	2	7	4
						9	2	1	4	3	8	5	6	7
						5	3	8	7	6	1	4	2	9
						4	6	7	9	2	5	3	8	1
						2	8	5	3	7	9	1	4	6
						3	7	4	1	8	6	9	5	2
						6	1	9	5	4	2	7	3	8

（本题答案见第164页）

167.

			2	6										
		7				1	9	5						
4		8			5									
		2	9				3							
6				7				1						
	4				6	2								
			4						2		1			
3	2	6							6		5			
				1	9							5		
						3	4						1	6
							9						5	
						2	6						7	9
								7						
									5		6			
									9		8			

（本题答案见第165页）

169.

7	2	8	1	3	9	6	4	5						
4	5	6	8	7	2	3	1	9						
3	9	1	5	6	4	7	2	8						
9	6	2	4	1	8	5	7	3						
8	3	5	2	9	7	1	6	4						
1	7	4	6	5	3	8	9	2						
6	8	3	9	4	1	2	5	7	9	4	1	6	3	8
5	4	7	3	2	6	9	8	1	6	5	3	7	4	2
2	1	9	7	8	5	4	3	6	7	2	8	9	5	1
						5	7	4	3	6	2	8	1	9
						3	1	9	8	7	5	2	6	4
						8	6	2	1	9	4	5	7	3
						7	9	3	4	8	6	1	2	5
						1	2	8	5	3	7	4	9	6
						6	4	5	2	1	9	3	8	7

168.

					5		7							
9														
	3				6		1							
3		2												
			8	3	7									
						4		7						
	4		6											3
									2		7			
	8		2										7	
						9					8			7
										6				
						4			9					1
							8						4	
									1		6		5	
						6								

（本题答案见第166页）

170.

8	1	4	9	6	3	7	2	5						
6	5	2	4	7	1	9	3	8						
3	7	9	8	5	2	4	6	1						
5	4	6	3	9	8	1	7	2						
7	2	3	1	4	5	8	9	6						
1	9	8	7	2	6	5	4	3						
4	3	1	2	8	7	6	5	9	7	4	2	1	3	8
2	6	7	5	1	9	3	8	4	5	1	9	2	6	7
9	8	5	6	3	4	2	1	7	3	6	8	4	5	9
						8	2	3	4	9	7	6	1	5
						7	4	1	8	5	6	3	9	2
						5	9	6	1	2	3	7	8	4
						1	7	2	6	8	5	9	4	3
						4	3	5	9	7	1	8	2	6
						9	6	8	2	3	4	5	7	1

169.

					9		4							
					4	7								
	6	2		1		5								
			2		7									
		4		5		8	9							
		3	9							4	1			8
											3	7		
	1		7											
								4						9
							1			7			6	
						8						5		
													2	
								8	5					
						6			2	1				

（本题答案见第167页）

171.

2	7	4	8	1	6	9	3	5						
8	3	9	4	7	5	2	1	6						
1	6	5	9	3	2	8	7	4						
6	5	1	7	2	8	4	9	3						
7	9	2	3	5	4	6	8	1						
3	4	8	6	9	1	5	2	7						
5	8	7	1	4	9	3	6	2	5	4	7	1	8	9
9	2	3	5	6	7	1	4	8	6	2	9	3	5	7
4	1	6	2	8	3	7	5	9	8	1	3	4	6	2
						4	3	5	2	9	1	8	7	6
						9	7	6	3	8	4	5	2	1
						2	8	1	7	5	6	9	4	3
						5	1	3	4	6	2	7	9	8
						8	2	7	9	3	5	6	1	4
						6	9	4	1	7	8	2	3	5

170.

					3		2	5						
	5	2		7										
			8											
			3			1								
	2		1		5		9							
		8			6									
					7									
				1						1				
9	8		6						3					
								3		9				5
									8		6			
						5				2		7		
											5	9	4	
										7		8		

（本题答案见第 168 页）

172.

8	6	7	5	1	3	2	4	9						
4	3	2	9	7	8	1	5	6						
9	5	1	4	2	6	7	3	8						
2	8	3	7	9	1	4	6	5						
5	7	9	6	4	2	3	8	1						
1	4	6	3	8	5	9	2	7						
3	9	8	2	5	7	6	1	4	8	7	9	3	2	5
7	2	5	1	6	4	8	9	3	5	6	2	7	4	1
6	1	4	8	3	9	5	7	2	3	4	1	9	6	8
						2	6	1	9	8	3	4	5	7
						3	8	7	2	5	4	6	1	9
						4	5	9	6	1	7	2	8	3
						7	4	8	1	3	6	5	9	2
						9	3	5	4	2	8	1	7	6
						1	2	6	7	9	5	8	3	4

171.

				1	6	9		5						
				7		2								
	5					4								
			3		4									
		8					2							
													8	
		3		6								3		7
4		6	2	8										
						4		5					7	
								6				5		
							8					9		3
						8		7						
							9					2		

（本题答案见第169页）

173.

5	6	2	3	9	1	7	8	4						
7	4	1	6	8	2	5	3	9						
9	3	8	5	7	4	6	2	1						
6	5	9	2	4	7	3	1	8						
8	2	3	9	1	5	4	6	7						
4	1	7	8	6	3	2	9	5						
1	8	5	7	2	6	9	4	3	5	8	7	2	1	6
3	9	6	4	5	8	1	7	2	6	9	3	8	5	4
2	7	4	1	3	9	8	5	6	1	4	2	3	7	9
						6	3	9	8	7	1	4	2	5
						5	2	1	4	3	6	9	8	7
						4	8	7	9	2	5	6	3	1
						7	6	8	3	5	4	1	9	2
						3	1	5	2	6	9	7	4	8
						2	9	4	7	1	8	5	6	3

172.

			5											
4				7				6						
					6		3							
		3						5						
	7		6		2		8							
1						9								
	9		2											5
7				6					5		2			
					9								6	
						2					3			7
								7		5		6		
						4			6					3
							4						9	
									4		8			
						1								

（本题答案见第170页）

174.

8	1	5	7	2	4	6	3	9						
3	6	9	8	1	5	7	4	2						
2	4	7	3	9	6	8	1	5						
1	9	2	4	6	7	5	8	3						
6	3	4	1	5	8	2	9	7						
7	5	8	9	3	2	4	6	1						
9	7	6	2	4	1	3	5	8	4	1	6	9	7	2
4	2	1	5	8	3	9	7	6	8	2	5	1	4	3
5	8	3	6	7	9	1	2	4	9	7	3	6	8	5
						5	4	7	6	8	1	2	3	9
						6	3	2	7	9	4	5	1	8
						8	1	9	5	3	2	7	6	4
						4	9	3	1	5	7	8	2	6
						2	8	1	3	6	9	4	5	7
						7	6	5	2	4	8	3	9	1

173.

			3		1									
						5								
	3				4									
6		9		4										
			9		5									
				6		2		5						
			7						5	8		2		6
		6												
			1		9							3		
						6		9						5
							2			3			8	
						4						6		1
								8						
						2		4		1	8		6	

（本题答案见第171页）

175.

4	2	3	6	7	5	1	8	9						
1	6	9	2	8	4	7	3	5						
5	8	7	1	3	9	6	2	4						
7	4	6	3	9	1	2	5	8						
9	1	2	8	5	6	3	4	7						
3	5	8	7	4	2	9	1	6						
8	3	4	9	1	7	5	6	2	9	4	1	7	8	3
6	7	1	5	2	8	4	9	3	6	8	7	2	1	5
2	9	5	4	6	3	8	7	1	3	5	2	9	6	4
						6	5	9	2	1	4	8	3	7
						3	8	7	5	6	9	1	4	2
						2	1	4	8	7	3	6	5	9
						1	3	5	7	2	8	4	9	6
						9	2	8	4	3	6	5	7	1
						7	4	6	1	9	5	3	2	8

174.

	1	5	7		4									
3	6		8					2						
	9				7		8							
				5										
	5		9				6							
										1				
4					3				8		5			
			6		9									
						5			6				3	9
										9				
						8	1				2			4
									3		9		5	
										4				1

（本题答案见第172页）

176.

5	2	8	6	4	9	7	1	3						
1	4	3	2	7	8	6	9	5						
9	6	7	3	5	1	2	4	8						
3	8	6	1	2	4	9	5	7						
4	7	9	5	8	3	1	6	2						
2	5	1	7	9	6	8	3	4						
7	9	5	4	6	2	3	8	1	6	7	5	9	4	2
8	1	4	9	3	7	5	2	6	9	1	4	8	3	7
6	3	2	8	1	5	4	7	9	8	3	2	6	1	5
						8	1	3	2	9	7	5	6	4
						2	6	5	4	8	3	1	7	9
						7	9	4	1	5	6	2	8	3
						1	3	8	7	2	9	4	5	6
						6	5	2	3	4	1	7	9	8
						9	4	7	5	6	8	3	2	1

175.

	2					1								
		9												
			1	3				4						
7						2		8						
	1			5			4							
3		8						6						
8				1	7									
									6		7	2		
		5											6	
										1				
								7	5		9	1		
										7				
							3						9	
								8	4		6	5		1
												3		

（本题答案见第173页）

177.

1	7	2	8	6	9	4	5	3						
5	6	9	4	3	7	2	8	1						
8	3	4	2	1	5	9	6	7						
2	1	7	9	4	6	8	3	5						
6	9	8	3	5	1	7	2	4						
3	4	5	7	2	8	6	1	9						
7	5	1	6	9	2	3	4	8	5	9	2	6	7	1
9	2	3	1	8	4	5	7	6	1	3	4	2	9	8
4	8	6	5	7	3	1	9	2	6	7	8	5	3	4
						2	3	4	9	8	6	1	5	7
						6	1	7	3	2	5	8	4	9
						8	5	9	7	4	1	3	2	6
						7	2	3	8	1	9	4	6	5
						9	6	1	4	5	3	7	8	2
						4	8	5	2	6	7	9	1	3

176.

				4		7								
		3	2					5						
	6							8						
	8													
4								2						
							3							
7										7				2
8					7				9				3	
		2		1										5
						8					7	5		
								4	1					3
						1								
							5				1	7		
						9				6				

（本题答案见第174页）

178.

8	7	1	4	3	2	6	9	5						
5	4	2	9	1	6	7	8	3						
9	3	6	7	8	5	2	1	4						
7	1	9	5	2	4	3	6	8						
3	2	5	8	6	9	4	7	1						
4	6	8	3	7	1	5	2	9						
2	8	3	1	5	7	9	4	6	5	7	8	1	3	2
6	5	4	2	9	8	1	3	7	4	9	2	5	8	6
1	9	7	6	4	3	8	5	2	6	3	1	7	4	9
						3	2	9	8	1	4	6	5	7
						7	8	1	3	5	6	2	9	4
						4	6	5	9	2	7	8	1	3
						5	7	3	1	6	9	4	2	8
						2	1	4	7	8	3	9	6	5
						6	9	8	2	4	5	3	7	1

177.

					7		8							
		4	2		5	9								
		7		4	6	8								
6								4						
		5	7	2		6								
		1	6		2					9		6		
	2		1							3			9	
													3	4
												1		7
										2				
						8		9						
						7	2					4		
							6			5				
								5		6		9		

（本题答案见第175页）

179.

3	8	2	4	1	6	5	9	7						
9	7	5	8	3	2	4	1	6						
4	1	6	9	7	5	2	8	3						
8	6	4	2	5	3	9	7	1						
2	5	3	7	9	1	6	4	8						
1	9	7	6	4	8	3	5	2						
6	4	8	1	2	9	7	3	5	4	9	6	2	1	8
5	2	9	3	8	7	1	6	4	8	7	2	9	5	3
7	3	1	5	6	4	8	2	9	1	5	3	4	6	7
						5	8	1	3	4	7	6	2	9
						9	7	3	6	2	5	1	8	4
						6	4	2	9	1	8	3	7	5
						4	9	6	7	8	1	5	3	2
						2	1	8	5	3	9	7	4	6
						3	5	7	2	6	4	8	9	1

178.

8	7		4											
					6		8	3						
					5									
		9		2										
	2		8		9		7							
				7		5								
			1							7		1		
6	5		2						4		2			
					3									9
						3		9						7
						4						8		3
						5								8
									7		3			
								8		4			7	

（本题答案见第176页）

180.

8	3	2	6	4	7	1	9	5						
6	4	9	1	3	5	2	8	7						
5	1	7	9	2	8	6	4	3						
3	9	1	5	7	2	8	6	4						
4	2	6	8	1	3	7	5	9						
7	8	5	4	9	6	3	2	1						
2	5	3	7	8	4	9	1	6	5	7	3	8	4	2
1	7	4	2	6	9	5	3	8	2	9	4	6	1	7
9	6	8	3	5	1	4	7	2	1	6	8	3	9	5
						1	6	9	7	3	5	2	8	4
						8	5	3	4	2	9	7	6	1
						7	2	4	8	1	6	5	3	9
						6	9	7	3	5	1	4	2	8
						3	4	5	9	8	2	1	7	6
						2	8	1	6	4	7	9	5	3

179.

		2												
			8				1	6						
				7				3						
		4	2		3	9								
	5						4							
		7	6		8	3								
6				2					4			2		
5	2				7									
										5	3			7
							8							9
								3				1		
						6							7	
						4			7	8				2
								7			4	8		

（本题答案见第177页）

181.

3	4	8	5	6	7	2	9	1						
9	2	7	1	8	4	5	3	6						
1	6	5	9	2	3	7	4	8						
8	3	4	7	1	5	9	6	2						
5	9	6	3	4	2	1	8	7						
7	1	2	6	9	8	3	5	4						
4	7	9	8	5	1	6	2	3	5	1	7	8	9	4
6	8	3	2	7	9	4	1	5	8	6	9	3	2	7
2	5	1	4	3	6	8	7	9	4	3	2	6	1	5
						2	3	6	1	4	8	7	5	9
						7	5	8	2	9	6	1	4	3
						9	4	1	7	5	3	2	8	6
						3	6	2	9	8	5	4	7	1
						5	8	4	6	7	1	9	3	2
						1	9	7	3	2	4	5	6	8

180.

	3			4										
			1		5	2								
	1													
		1						4						
	2		8		3		5							
7						3								
												8	4	
		4	2		9						4		1	
				5						6		3		
						1					5			
									8					9
								7		5			2	
							4		9					6
							8	1						

（本题答案见第178页）

182.

3	2	7	8	4	9	5	6	1						
5	6	1	7	3	2	8	9	4						
4	9	8	1	6	5	7	3	2						
7	3	2	6	5	4	9	1	8						
6	1	9	3	2	8	4	7	5						
8	5	4	9	1	7	3	2	6						
1	7	5	4	9	6	2	8	3	4	1	6	7	5	9
9	4	6	2	8	3	1	5	7	3	8	9	2	4	6
2	8	3	5	7	1	6	4	9	2	5	7	8	1	3
						5	1	6	7	9	2	4	3	8
						4	3	2	8	6	1	5	9	7
						7	9	8	5	3	4	1	6	2
						8	6	1	9	7	5	3	2	4
						9	7	4	1	2	3	6	8	5
						3	2	5	6	4	8	9	7	1

181.

			5		7									
9			1					6						
							4							
	3	4					6							
	1					3	5							
	7								5				9	
6					9					6			2	7
			4		6					3				
						2								
							5	8				1	4	
														6
										8				1
						5	8			7				
							9				4			

（本题答案见第179页）

183.

3	1	6	8	9	7	5	2	4						
2	7	8	5	1	4	9	6	3						
4	5	9	6	2	3	1	7	8						
1	6	3	7	8	9	4	5	2						
8	2	7	4	5	1	3	9	6						
5	9	4	3	6	2	8	1	7						
9	4	5	2	7	8	6	3	1	2	4	8	9	7	5
6	8	2	1	3	5	7	4	9	6	1	5	2	8	3
7	3	1	9	4	6	2	8	5	9	7	3	6	1	4
						1	7	4	3	5	2	8	6	9
						3	6	2	8	9	4	1	5	7
						9	5	8	7	6	1	3	4	2
						5	2	3	4	8	6	7	9	1
						8	1	7	5	3	9	4	2	6
						4	9	6	1	2	7	5	3	8

182.

	2		8			5		1						
		8	1				3							
					4									
6	1		3		8		7	5						
			9											
	7				6					1		7		
											9		4	
2		3			1					5				3
							1						3	
								2				5		
							9						6	
						8				7				
							7		1					
								5		4		9		

（本题答案见第180页）

184.

8	4	2	7	5	9	6	1	3						
3	5	7	1	4	6	8	2	9						
1	9	6	3	8	2	5	4	7						
7	3	1	4	2	8	9	6	5						
6	2	9	5	1	3	7	8	4						
4	8	5	6	9	7	2	3	1						
2	1	4	9	6	5	3	7	8	2	4	5	9	1	6
5	7	8	2	3	4	1	9	6	3	7	8	2	5	4
9	6	3	8	7	1	4	5	2	6	1	9	3	7	8
						7	6	4	5	9	2	8	3	1
						9	1	5	7	8	3	4	6	2
						2	8	3	1	6	4	5	9	7
						6	2	9	4	5	7	1	8	3
						5	4	7	8	3	1	6	2	9
						8	3	1	9	2	6	7	4	5

183.

						5								
	7				4									
		9		2				8						
	6		7											
8								6						
					2		1							
9				7					2					
			1						6					
		1							9				1	
						1		4						
							6		8		4		5	
												3		2
							2				6		9	
											9	4		
											7			

（本题答案见第181页）

185.

7	8	1	6	9	2	4	3	5						
4	3	6	5	8	1	9	7	2						
2	5	9	4	3	7	1	6	8						
6	9	8	1	7	4	2	5	3						
5	7	4	9	2	3	6	8	1						
3	1	2	8	6	5	7	9	4						
1	4	3	7	5	6	8	2	9	7	5	1	3	6	4
8	6	5	2	1	9	3	4	7	8	6	9	2	5	1
9	2	7	3	4	8	5	1	6	4	2	3	7	9	8
						6	8	3	5	1	2	9	4	7
						4	7	2	9	8	6	5	1	3
						9	5	1	3	4	7	6	8	2
						1	3	5	2	9	8	4	7	6
						7	9	8	6	3	4	1	2	5
						2	6	4	1	7	5	8	3	9

184.

	4			5		6								
3			1											
					2			7						
		1				9								
6								4						
		5				2								
2			9								5			
					4					7		2		
		3		7								3		8
								4		9				1
									7		3			
						2				6		5		
						6		9						
								7		3			2	
									9					5

（本题答案见第182页）

186.

2	5	7	8	6	4	3	9	1						
8	4	1	9	2	3	7	5	6						
9	6	3	5	7	1	4	2	8						
5	7	2	6	4	8	1	3	9						
3	8	4	2	1	9	6	7	5						
6	1	9	3	5	7	8	4	2						
4	2	6	7	8	5	9	1	3	5	4	6	8	2	7
1	9	8	4	3	2	5	6	7	9	2	8	3	1	4
7	3	5	1	9	6	2	8	4	3	1	7	5	6	9
						1	2	5	8	7	9	6	4	3
						6	7	8	4	3	2	1	9	5
						4	3	9	6	5	1	2	7	8
						3	5	2	1	9	4	7	8	6
						7	4	6	2	8	3	9	5	1
						8	9	1	7	6	5	4	3	2

185.

	8					4	3							
		6	5											
2				3				8						
	9							3						
5								1						
3							9							
1				5									6	
					9				8			2		
	2	7								2				8
										1	2	9		7
						9		1	3	4				
						1				9				
								8			4			5
							6							

187.

9	4	3	8	1	6	2	5	7						
7	2	5	9	4	3	1	8	6						
8	1	6	7	2	5	3	4	9						
6	9	2	5	8	1	7	3	4						
4	3	7	6	9	2	5	1	8						
5	8	1	4	3	7	6	9	2						
1	7	8	3	6	9	4	2	5	9	3	7	8	1	6
3	5	9	2	7	4	8	6	1	4	5	2	9	7	3
2	6	4	1	5	8	9	7	3	6	8	1	4	5	2
						5	8	7	2	6	9	1	3	4
						3	4	6	7	1	5	2	8	9
						1	9	2	3	4	8	5	6	7
						6	3	8	5	9	4	7	2	1
						7	5	4	1	2	6	3	9	8
						2	1	9	8	7	3	6	4	5

（本题答案见第183页）

186.

					4	3								
8					3		5							
	6			7		4								
	7	2												
			2	1	9									
						8	4							
		6		8						4				
	9		4						9		8			
		5	1								7		6	
							2			7			4	
						6								5
							3			5			7	
							5		1					
									2		3			
										6				2

（本题答案见第184页）

188.

2	1	3	4	9	7	5	6	8						
4	8	9	5	1	6	2	7	3						
5	6	7	3	8	2	4	9	1						
7	4	6	9	2	1	3	8	5						
1	9	2	8	3	5	6	4	7						
3	5	8	6	7	4	9	1	2						
8	7	5	2	6	9	1	3	4	8	5	7	9	2	6
6	2	1	7	4	3	8	5	9	6	2	4	7	3	1
9	3	4	1	5	8	7	2	6	1	3	9	8	5	4
						3	4	5	7	9	1	2	6	8
						2	6	8	5	4	3	1	9	7
						9	1	7	2	6	8	5	4	3
						5	8	3	4	7	2	6	1	9
						4	7	2	9	1	6	3	8	5
						6	9	1	3	8	5	4	7	2

187.

9						2								
					3		8							
8				2										
			5				3	4						
		7		9		5								
5	8				7									
				6					9			8	1	
	5		2								2			
		4												
						5			2					
							4	6		1		2	8	
											8			7
													2	
									1					
							1	9			3			

（本题答案见第185页）

189.

8	3	6	1	2	7	5	9	4						
5	1	4	9	8	6	2	7	3						
2	9	7	3	5	4	6	1	8						
7	8	9	4	6	3	1	2	5						
4	6	2	5	9	1	8	3	7						
3	5	1	8	7	2	4	6	9						
6	4	5	7	1	9	3	8	2	6	4	9	5	7	1
9	2	3	6	4	8	7	5	1	3	8	2	6	4	9
1	7	8	2	3	5	9	4	6	1	7	5	3	8	2
						8	1	4	9	5	6	2	3	7
						5	7	3	8	2	4	9	1	6
						6	2	9	7	1	3	4	5	8
						1	6	5	4	9	8	7	2	3
						4	9	8	2	3	7	1	6	5
						2	3	7	5	6	1	8	9	4

188.

2					7		6							
4			5		6			3						
	4						8	5						
3	5						1							
6			7		3					2	4			1
	3		1										5	4
												2		
							6		5		3		9	
								7						
						5	8							9
						4			9	1				

（本题答案见第186页）

190.

1	6	4	8	5	7	2	3	9						
9	5	7	3	1	2	4	6	8						
2	3	8	9	6	4	5	7	1						
6	1	3	4	2	8	7	9	5						
7	9	5	1	3	6	8	2	4						
4	8	2	7	9	5	3	1	6						
3	4	6	5	7	1	9	8	2	7	5	3	4	6	1
5	7	1	2	8	9	6	4	3	1	8	9	7	5	2
8	2	9	6	4	3	1	5	7	2	4	6	8	9	3
						4	6	9	8	3	2	5	1	7
						8	7	1	5	6	4	2	3	9
						3	2	5	9	7	1	6	8	4
						2	1	4	6	9	5	3	7	8
						5	3	8	4	1	7	9	2	6
						7	9	6	3	2	8	1	4	5

189.

			1		7									
				8			7	3						
2	9													
					3			5						
4								7						
3			8											
											9			
9	2			4						8			4	9
			2		5							3		
							1				6		3	
							2		7				5	
								5				7		
						4	9			3				
									5			8		

（本题答案见第187页）

191.

8	7	2	6	1	9	5	3	4						
5	6	4	2	8	3	1	7	9						
9	1	3	5	7	4	6	2	8						
1	8	7	4	5	6	2	9	3						
4	3	5	8	9	2	7	1	6						
2	9	6	1	3	7	8	4	5						
3	4	8	7	2	5	9	6	1	5	4	3	8	2	7
6	2	1	9	4	8	3	5	7	2	8	1	9	6	4
7	5	9	3	6	1	4	8	2	9	7	6	3	1	5
						8	1	3	6	9	5	4	7	2
						5	9	4	7	1	2	6	8	3
						7	2	6	8	3	4	5	9	1
						1	3	9	4	2	8	7	5	6
						6	4	8	1	5	7	2	3	9
						2	7	5	3	6	9	1	4	8

190.

1														
			3		2		6							
	3	8			4	5		1						
	9	5		3		8	2							
3		6	5											
	7		2		9					8		7		
									2		6			
								9		3				
							7		5		4		3	
										7		6		
									6		5			
								8		1				
													4	

（本题答案见第188页）

192.

1	7	9	5	3	8	4	2	6						
5	3	4	6	2	9	8	1	7						
2	6	8	1	7	4	9	3	5						
8	4	2	7	5	3	6	9	1						
9	5	6	8	4	1	3	7	2						
3	1	7	2	9	6	5	4	8						
6	9	5	3	1	7	2	8	4	1	6	7	9	5	3
4	8	1	9	6	2	7	5	3	8	4	9	1	2	6
7	2	3	4	8	5	1	6	9	5	2	3	8	4	7
						5	4	8	7	3	1	6	9	2
						6	1	7	2	9	8	5	3	4
						3	9	2	6	5	4	7	8	1
						8	2	6	4	7	5	3	1	9
						9	7	1	3	8	2	4	6	5
						4	3	5	9	1	6	2	7	8

191.

						5								
	6		2		3		7							
	1				4									
		7	4											
4				9				6						
					7	8								
			7									8		
	2		9		8						1			4
		9								7				
							1						7	
								4				6		
							2						9	
										2				
						6			1				3	
								5						8

（本题答案见第189页）

193.

6	5	7	2	1	9	3	8	4						
9	2	4	3	5	8	6	7	1						
3	1	8	7	4	6	5	9	2						
4	7	3	5	8	2	1	6	9						
5	8	6	4	9	1	7	2	3						
1	9	2	6	7	3	8	4	5						
2	6	1	9	3	7	4	5	8	6	2	3	7	1	9
7	3	5	8	2	4	9	1	6	5	7	4	8	2	3
8	4	9	1	6	5	2	3	7	8	1	9	4	5	6
						8	9	4	2	3	7	5	6	1
						1	6	5	4	9	8	2	3	7
						7	2	3	1	6	5	9	4	8
						3	8	2	9	4	6	1	7	5
						6	4	9	7	5	1	3	8	2
						5	7	1	3	8	2	6	9	4

192.

	7		5		8		2							
5				2										
							3							
8								1						
	5						7							
3								8						
	9											9		
				6					8		9		2	
	2		4		5						3			
								8	7					
						6				9				4
											4	7		
									4				1	
							7		3		2			
								5						

（本题答案见第190页）

194.

3	6	8	4	9	7	1	5	2						
1	5	2	6	8	3	7	9	4						
7	4	9	1	5	2	8	6	3						
8	7	3	2	1	6	5	4	9						
2	1	6	9	4	5	3	7	8						
4	9	5	3	7	8	6	2	1						
6	3	4	7	2	1	9	8	5	4	1	2	6	3	7
5	2	1	8	6	9	4	3	7	8	5	6	9	1	2
9	8	7	5	3	4	2	1	6	3	9	7	4	5	8
						6	2	9	1	7	3	8	4	5
						8	4	3	5	2	9	7	6	1
						7	5	1	6	4	8	2	9	3
						1	6	8	7	3	4	5	2	9
						3	9	4	2	8	5	1	7	6
						5	7	2	9	6	1	3	8	4

193.

			2		9									
	2						7							
4				8				9						
			4		1									
1				7				5						
												7		9
	3										4		2	
			1		5							4		
						8						5		
							6			9			3	
								3						8
								2						
							4		7					
						5		1				6		

（本题答案见第191页）

195.

4	9	2	3	1	5	6	7	8						
3	1	5	8	7	6	9	2	4						
6	7	8	2	9	4	3	1	5						
9	4	6	7	2	1	8	5	3						
1	5	3	6	4	8	2	9	7						
8	2	7	5	3	9	1	4	6						
2	8	4	1	6	7	5	3	9	2	4	7	8	6	1
5	3	9	4	8	2	7	6	1	5	8	9	4	2	3
7	6	1	9	5	3	4	8	2	6	1	3	9	7	5
						1	2	4	9	6	5	7	3	8
						3	9	8	4	7	1	2	5	6
						6	5	7	3	2	8	1	4	9
						9	7	6	1	5	4	3	8	2
						2	4	3	8	9	6	5	1	7
						8	1	5	7	3	2	6	9	4

194.

							5							
		2	6				9							
7						8		3						
8														
	1			4			7							
								1						
6		4									2		3	
	2				9				8		6			
	8									9				
							2			7				
								3				7		
										4			9	
										3				
									2		5			6
							7		9					

（本题答案见第192页）

196.

7	9	5	8	2	3	4	1	6						
3	1	2	6	4	5	9	7	8						
8	4	6	1	7	9	3	2	5						
9	6	7	3	5	1	8	4	2						
4	2	3	7	9	8	6	5	1						
5	8	1	4	6	2	7	9	3						
6	7	8	2	1	4	5	3	9	4	6	2	7	1	8
1	5	4	9	3	6	2	8	7	1	9	3	4	5	6
2	3	9	5	8	7	1	6	4	7	5	8	3	9	2
						3	9	5	8	4	6	2	7	1
						8	7	2	5	3	1	9	6	4
						6	4	1	9	2	7	8	3	5
						9	5	3	6	8	4	1	2	7
						7	2	8	3	1	5	6	4	9
						4	1	6	2	7	9	5	8	3

195.

	9				5									
							2							
	7				4	3								
		6												
	5		6		8		9							
						1								
		4	1								7			
	3									8		4		
			9								3			5
						1		4		6				
										2		1		9
						9			1				8	
								3		9				7
									7					

（本题答案见第193页）

197.

1	5	2	9	7	6	3	4	8						
9	6	3	8	4	1	2	5	7						
4	8	7	3	2	5	6	1	9						
3	1	6	5	8	9	7	2	4						
5	4	9	7	3	2	1	8	6						
2	7	8	1	6	4	9	3	5						
6	9	4	2	5	3	8	7	1	4	6	3	2	9	5
8	2	5	6	1	7	4	9	3	2	8	5	6	7	1
7	3	1	4	9	8	5	6	2	9	1	7	8	3	4
						9	1	6	7	4	2	3	5	8
						3	4	7	8	5	6	9	1	2
						2	5	8	3	9	1	7	4	6
						6	2	9	1	3	4	5	8	7
						7	3	4	5	2	8	1	6	9
						1	8	5	6	7	9	4	2	3

196.

				2										
3			6		5		7	8						
9			3		1									
	2						5							
			4		2			3						
										6				8
1	5		9		6				1				5	
				8										2
											6	2		
						8								4
								1	9					
						9						1		
							2				5			
						4				7				3

（本题答案见第194页）

198.

8	5	6	1	4	7	2	9	3						
4	3	9	6	2	5	1	7	8						
7	2	1	8	3	9	6	4	5						
6	7	5	9	8	2	4	3	1						
9	4	2	3	5	1	7	8	6						
1	8	3	4	7	6	9	5	2						
3	6	4	7	1	8	5	2	9	4	1	7	8	3	6
2	9	7	5	6	3	8	1	4	3	6	5	9	7	2
5	1	8	2	9	4	3	6	7	2	8	9	1	4	5
						7	8	1	6	5	3	4	2	9
						9	4	5	1	2	8	7	6	3
						6	3	2	9	7	4	5	8	1
						2	7	8	5	9	6	3	1	4
						1	5	3	8	4	2	6	9	7
						4	9	6	7	3	1	2	5	8

197.

9						2		7						
			3		5		1							
				8		7		4						
			7		2									
2		8		6										
	9		2		3									5
8		5									5			
										1	7			4
								6			2	3		
							4						1	
								8	3			7		
						6			1	3			8	
									5					
						1								

（本题答案见第195页）

199.

2	8	4	1	6	7	9	5	3						
7	5	3	8	4	9	1	2	6						
1	6	9	5	2	3	8	4	7						
5	4	8	7	3	1	6	9	2						
6	1	7	2	9	8	5	3	4						
3	9	2	6	5	4	7	8	1						
8	2	6	4	7	5	3	1	9	5	2	4	7	6	8
9	7	1	3	8	2	4	6	5	7	3	8	2	9	1
4	3	5	9	1	6	2	7	8	9	1	6	3	5	4
						6	5	3	1	8	7	4	2	9
						1	9	7	2	4	3	6	8	5
						8	4	2	6	9	5	1	3	7
						7	8	1	3	5	2	9	4	6
						9	2	4	8	6	1	5	7	3
						5	3	6	4	7	9	8	1	2

198.

						2		3						
		9		2			7							
					9									
6		5		8										
	4						8							
				7		9		2						
			7									8		
	9			6					3		5	9		
5		8							2					
								1		5				9
							4						6	
						6				7		5		
											6			
								3	8		2			
								6						

（本题答案见第196页）

200.

7	2	3	9	6	5	8	1	4						
8	5	6	1	3	4	9	7	2						
9	1	4	7	2	8	3	6	5						
4	6	1	8	5	2	7	3	9						
3	9	5	4	1	7	6	2	8						
2	7	8	6	9	3	5	4	1						
6	4	9	3	8	1	2	5	7	6	4	1	9	8	3
1	8	2	5	7	6	4	9	3	2	8	7	6	5	1
5	3	7	2	4	9	1	8	6	9	5	3	2	4	7
						7	3	5	4	9	6	1	2	8
						9	4	8	1	2	5	7	3	6
						6	2	1	7	3	8	4	9	5
						3	1	9	8	6	2	5	7	4
						8	6	2	5	7	4	3	1	9
						5	7	4	3	1	9	8	6	2

199.

						9		3						
			8		9		2							
							4							
		8	7											
6				9				4						
					4	7								
	2										4			8
	7		3		2					3				
4		5							9				5	
						6				8				
							9						8	
										9				7
							8				2			
										6		5		3
						5			4					

（本题答案见第197页）

17.

5	9	1	3	6	2	8	4	7						
8	7	3	5	1	4	9	2	6						
4	6	2	9	8	7	3	5	1						
6	1	7	8	2	5	4	9	3						
9	2	8	7	4	3	1	6	5						
3	4	5	6	9	1	2	7	8						
7	5	9	4	3	8	6	1	2	4	3	5	7	8	9
2	8	6	1	5	9	7	3	4	9	6	8	1	2	5
1	3	4	2	7	6	5	8	9	1	2	7	4	3	6
						1	2	6	8	7	3	5	9	4
						8	7	3	5	4	9	6	1	2
						9	4	5	6	1	2	3	7	8
						3	6	8	2	5	1	9	4	7
						4	9	7	3	8	6	2	5	1
						2	5	1	7	9	4	8	6	3

200.

					5		1							
		6		3				2						
4				5			3							
	9		4		7		2							
	7			9				1						
											1		8	3
1				7								6		
	3		2							5				
							3		4					
								8				7		
											8		9	
										6		5		4
								2						
						5	7		3					

（本题答案见第198页）

18.

5	2	9	1	8	6	7	3	4						
4	3	7	9	2	5	1	8	6						
8	6	1	4	3	7	9	5	2						
6	9	8	3	5	2	4	1	7						
2	5	3	7	4	1	6	9	8						
7	1	4	6	9	8	5	2	3						
9	4	5	8	6	3	2	7	1	9	3	5	4	6	8
3	7	2	5	1	4	8	6	9	4	1	7	5	3	2
1	8	6	2	7	9	3	4	5	8	6	2	1	9	7
						6	1	3	7	5	9	8	2	4
						7	9	8	2	4	1	6	5	3
						4	5	2	6	8	3	7	1	9
						1	3	7	5	2	8	9	4	6
						9	2	6	1	7	4	3	8	5
						5	8	4	3	9	6	2	7	1